高等职业教育汽车类专业新型活页工作手册式系列教材

系列教材主编：戚文革　邹玉清

汽车发动机构造与检修教学工作页

邹玉清　王　玉◎编著

中国铁道出版社有限公司
CHINA RAILWAY PUBLISHING HOUSE CO., LTD.

内 容 简 介

本教学工作页是贯彻国务院印发的《国家职业教育改革实施方案》（简称“职教20条”）文件精神，落实“新型活页式、工作手册式”职业教育教材的要求而编写。本教学工作页系与教材《汽车发动机构造与检修》（ISBN 978-7-113-28494-7）配套开发，共五个项目，包括检修气缸盖和配气机构、检修气缸体和曲柄连杆机构、检修润滑系统、检修冷却系统和检修燃油供给系统。每个项目均包含项目任务单、项目导入、项目实施三部分内容。

本教学工作页的特点有：以“做事”的职业行动作为认知起点；使用多样化、可视化表达方式；设计实施“微组织”环节；多环节、多形式的“专业+思政+创新”有机融合；增加了典型案例、新知识、新工艺。

本教学工作页为校企行合作开发，充分融入职业要素，适合作为高等职业院校和其他职业学校汽车类相关专业学生的教材，也可作为有关人员的岗位培训教材。

图书在版编目（CIP）数据

汽车发动机构造与检修教学工作页/邹玉清，王玉编著. —北京：中国铁道出版社有限公司，2022.5（2025.1 重印）
高等职业教育汽车类专业新型活页工作手册式系列教材
ISBN 978-7-113-29207-2

Ⅰ.汽… Ⅱ.①邹…②王… Ⅲ.①汽车-发动机-构造-高等职业教育-教材②汽车-发动机-车辆修理-高等职业教育-教材 Ⅳ.①U472.43

中国版本图书馆CIP数据核字（2022）第095725号

书　　名：汽车发动机构造与检修教学工作页
QICHE FADONGJI GOUZAO YU JIANXIU JIAOXUE GONGZUOYE
作　　者：邹玉清　王　玉

策　　划：尹　鹏　何红艳　　**编辑部电话**：（010）63560043
责任编辑：何红艳
封面设计：刘　颖
责任校对：安海燕
责任印制：赵星辰

出版发行：中国铁道出版社有限公司（100054，北京市西城区右安门西街 8 号）
网　　址：https://www.tdpress.com/51eds
印　　刷：北京联兴盛业印刷股份有限公司
版　　次：2022 年 5 月第 1 版　2025 年 1 月第 2 次印刷
开　　本：787 mm×1 092 mm 1/16　**印张**：7.75　**字数**：202 千
书　　号：ISBN 978-7-113-29207-2
定　　价：29.80 元

序

职业教育的本质是“学习如何工作”的教育，即培养学生具备与工作任务相匹配的职业能力。职业能力遵循新手—生手—熟手—专家/高手的成长规律，如何在职业教育中实施符合职业能力成长规律的落地措施，是职业教育教学设计的首要原则。

本书的教学内容设计是在微组织教学模式“教与学”的行动逻辑指导下完成的。微组织教学模式是行动导向教学具体实施中运用的一个具体化方法，由教学情境导入、任务发布、任务实施、检查纠错、结果评价五个环节构成，其本质特征是针对问题，师生之间建立即时反馈系统。要求教师要具有对问题察之入微的敏感性，针对每个问题做出“即时反馈”。微组织教学模式实施过程中要求对任何一个知识点、技能点均做到“一点一讲一练一确认”。

教学工作页是微组织教学模式实施工具，是教师“教”与学生“学”的引导性教学文件，是学生思维过程、学习过程、学习结果可视化表达与老师即时反馈的载体。

教学工作页设计实现了以下四点创新：

一、以“做事”的行动作为认知起点

以“做事”的行动作为认知起点，建构基于“做事”的行动体系认知结构，而非学科知识体系认知结构，以与学生行动能力相匹配的“做事”的显性行动单元作为教学设计起点。

二、学习过程可视化设计表达

根据学习内容选择多样化的可视化表达方式，可视化设计包括两个方面：一是学生的学习思维过程和学习结果老师要看得见；二是老师的即时反馈学生要看得见，对学习过程与学习结果是否符合要求老师要作出即时反馈意见，反馈意见学生要看得见。

三、教学过程“教与学”即时反馈

学习过程可视化呈现，为建立个性化“教与学”即时反馈创造了前提条件，即时反馈为学生学习偏差及时提供“支架”，赋能“成功学习”，激发内模拟机制，实现班级集体授课制条件下的因材施教。

四、实现“知识、能力、素养”一体化成长

任何一个学习行动都是“知识、能力、素养”构成的“复合体”，在行动中理解掌握行动赖以发生的“知识”，在行动中积淀提升完成行动的“能力”，在行动中规塑做事做人的“素养”，一个行动能够“达标完成”所涉及的“知识、能力、素养”一个也不能少，在行动全过程所有节点与最终成果所涉及的“知识、能力、素养”都进行可视化呈现，依据“合格标准”进行即时反馈、纠正、刻意训练，直到正确为止，从而实现了对学习过程、学习结果全程“贯标”确认。

自 2016 年起，吉林电子信息职业技术学院在汽车专业群、机械专业群启动了面向教育对象的提升教学育人有效性教学改革，教学工作页的创建与应用是教学改革标志性成果之一，催生了教学育人有效性显著提升的课堂革命。

希望本书能够为高等职业教育汽车类专业课程教学设计提供借鉴。

戚文革

2022 年 2 月

前　言

本教学工作页是为贯彻国务院印发的“职教 20 条”文件精神，落实“新型活页式、工作手册式”职业教育教材的要求而编写。本教学工作页系与教材《汽车发动机构造与检修》（ISBN 978-7-113-28494-7）配套开发，共五个项目，包括检修气缸盖和配气机构、检修气缸体和曲柄连杆机构、检修润滑系统、检修冷却系统和检修燃油供给系统。每个项目均包含项目任务单、项目导入、项目实施三部分内容。

本教学工作页具有以下特点：

1. 以“做事”的职业行动作为认知起点，突出职业能力培养

将项目中每个任务的工作内容序化为作业准备、拆卸、检修和安装等完整的工作过程，在工作过程中认知发动机结构、作业方法、技术标准和工作要求等职业知识，即按照“实践—认识—再实践—再认识”认识总的发展规律，以“做事”的职业行动作为认知起点，在完成职业活动（包含职业行动和职业知识）过程中不断积淀职业能力，突出职业能力培养。

2. 使用多样化可视化表达方式和“即时反馈”，实现因材施教

根据学习内容选择了鱼骨图、金字塔图、圆圈图、树形图、流程图、复流程图、列表及方框等多样化的学生学习过程可视化表达方式；学习过程可视化设计为即时反馈奠定了基础，教学过程针对问题“时时、事事、人人”的即时反馈，实现了班级集体授课制条件下的因材施教。

3. 设计实施“微组织”环节，实现“知识、能力、素养”一体化成长

每个行动都设计了“微组织：老师检查纠错，学生改正错误”环节。在教学过程中老师依据“合格标准”，采用检查纠错方式，对每个行动所涉及的“知识、能力、素养”进行即时反馈、纠正、刻意训练，学生在不断地改正错误直到正确为止的过程中，实现了“知识、能力、素养”一体化成长。

4. 多环节多形式的“专业 + 思政 + 创新”有机融合，实现“思创”培养目标

在项目导入中，保持与教材《汽车发动机构造与检修》（ISBN 978-7-113-28494-7）一致的“红旗”主题，结合每个项目的专业性，以娓娓道来的故事形式讲述红旗人多年

来是如何在自主研发的道路上，凭借着“忠诚、自强、学习、创新”的红旗精神和坚定信念，使红旗发动机技术逐步进入到世界一流行列，达到国际领先水平；本教学工作页使用全过程要求用铅笔按照规定字的大小书写在精心设计的方框、图表中，培养学生一丝不苟、精益求精的匠人精神。通过以上多环节多形式的“专业＋思政＋创新”有机融合，实现在专业教育中突出“人的底色”与创新素质的培养目标。

5. 典型案例增加启示性、经验性知识，新知识、新工艺增强时效性

每个任务后面都设置了两个在检修过程中引发的真实复杂的故障案例，使学生受到启示，得以借鉴；居世界领先的红旗发动机高效机械增压技术、可变滚流燃烧技术、高效热管理技术、水冷排气歧管技术、高压汽油缸内直喷技术、模块化平衡轴减振技术等核心技术的引入增强了本教学工作页的时效性。

6. 校企行合作开发，充分融入职业要素

本教学工作页由吉林电子信息职业技术学院教授 / 高级工程师邹玉清、吉林电子信息职业技术学院讲师王玉编著。邹玉清编写了教学工作页的主体部分，王玉编写了思政创新融入部分。

大连禾众汽车销售服务有限公司高级工程师、德国高级技师全晓龙提供了案例；吉林电子信息职业技术学院教授戚文革提供了思政和创新元素；吉林电子信息职业技术学院教师房睿在文字和图片编辑过程中做了大量的工作；吉林省汽车维修行业协会秘书长李晶提出了宝贵意见和建议。对在编著过程中给予大力支持的各位老师，在此表示衷心的感谢！

本教学工作页由中国汽车工程学会汽车应用与服务学会技术副总监弋国鹏、吉林市磊 π 汽车修理行技术总监王磊、吉林市英之捷汽车服务有限公司技术总监宋海成审稿。参加审稿的各位老师对全书进行了认真细致的审阅，并提出了宝贵的意见和建议，在此表示衷心的感谢！

由于编著者水平有限，书中难免有疏漏之处，恳请广大读者批评指正。

编著者

2022 年 2 月

目　录

项目一　检修气缸盖和配气机构

项目任务单

项目描述	完成 2014 款卡罗拉 1.6 L GL-i 轿车 1ZR-FE 发动机气缸盖和配气机构检修作业
项目要求	符合 2014 款卡罗拉 1.6L GL-i 轿车 1ZR-FE 发动机技术要求与标准，正确使用工具，完成如下检修作业： （1）检修气门驱动组； （2）检修气门传动组； （3）检修气门组和气缸盖
学习目标	（1）准确陈述气缸盖和配气机构、气门驱动组、气门传动组、气门组的组成（或结构）及功用； （2）准确陈述气门驱动组检修作业方法； （3）准确陈述气门传动组检修作业方法； （4）准确陈述气门组和气缸盖检修作业方法； （5）规范地对气门驱动组进行检修作业； （6）规范地对气门传动组进行检修作业； （7）规范地对气门组和气缸盖进行检修作业； （8）养成自觉遵守技术标准和要求规定、规范操作、安全、环保、“5S”作业的好习惯； （9）形成劳动是立身之本的劳动观； （10）认识到向别人学习就是创新
项目载体	2014 款卡罗拉 1.6 L GL-i 轿车 1ZR-FE 发动机气缸盖和配气机构如下图 气门传动组 气缸盖 气门组 气门驱动组
计划学时	18~24 学时

工作页	上课地点		学生姓名		完成 / 未完成
	任课教师		上课时间		优 / 良 / 中 / 及格

项目导入

一、讲一讲：红旗轿车液压挺柱诞生的故事

在我国研制第一辆红旗轿车时，有一个零件，就是我们要学习的配气机构中很重要的部件——液压挺柱（右图）。作为当时一项世界性技术难题，美国不过在几年前刚刚解决，红旗人在汽车工业上近乎一无所有的条件下，组建了科研突击队，凭着一定要完成任务的坚定信念，克服重重困难，屡败屡战，连续攻关。在铸造上，解决了从合金配料、融化、浇铸难题；在热处理上，发明了定向冷却技术，解决了液压挺柱最大难题，即挺柱底部和凸轮接触部分硬度高、其他部分硬度低的问题；在机械加工上，自制了密封试验台、全套研磨装备，解决了精度问题。

液压挺柱

请问：液压挺柱的成功研制体现了红旗人什么品质？请用铅笔认真地写在下面方格内。

微组织 1：老师检查纠错，学生改正错误。微评价：☆☆☆☆☆

二、看一看：配气机构的结构功能；找一找：液压挺柱

请查阅教材和观看相关视频，完成下列思考和行动。

1. 请结合下图所示，陈述并用铅笔认真写出配气机构的功用，同时思考液压挺柱的工作环境。

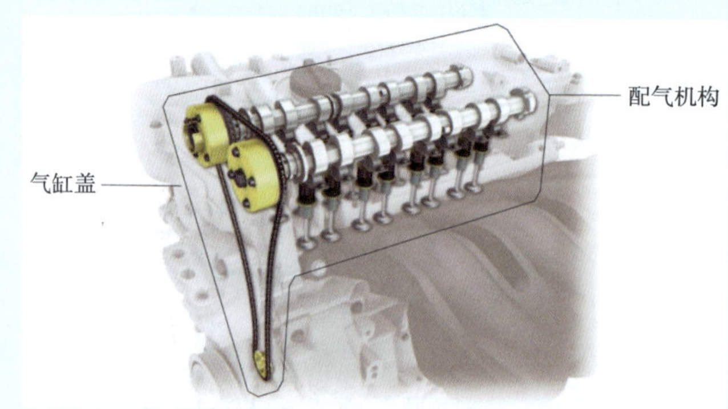

配气机构及安装位置

微组织 2：老师检查纠错，学生改正错误。微评价：☆☆☆☆☆

2. 请结合下图所示，在横线上用铅笔认真写出配气机构组成部分名称。

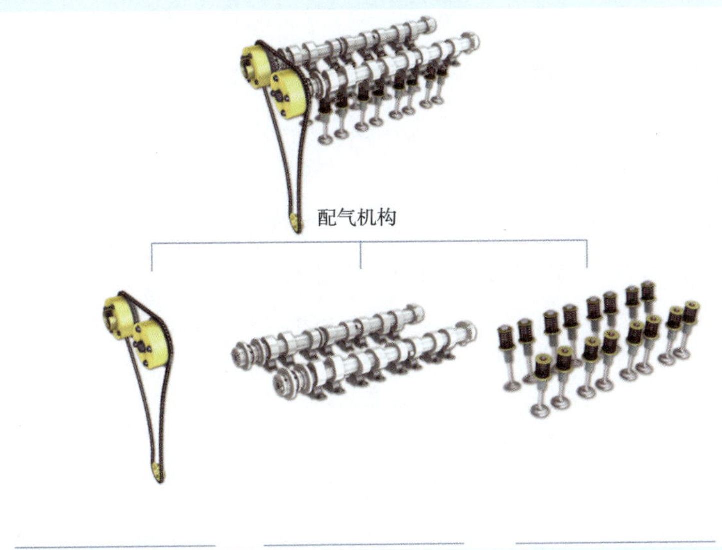

配气机构组成

微组织 3：老师检查纠错，学生改正错误。微评价：☆☆☆☆☆

三、安全教育与防护要求

请大声说出安全与防护要求，做好防护准备，同时进行自检和互检。若已完成，请用铅笔在方框内打“√”。

□工作服穿戴要“四紧”；

□严禁佩戴手表等金属首饰；

□严禁摆弄与本次任务无关的设备和工具；

□严禁嬉戏打闹。

微组织 4：老师检查纠错，学生改正错误。微评价：☆☆☆☆☆

项目实施

任务一　检修气门驱动组

步骤一　作业准备

请详细复述作业准备项目与内容，对照表 1-1-1 核准检查。若已准备好，请用铅笔在相应项目内容后的方框内画上“√”；若有遗漏，请补充后再画上“√”。

表 1-1-1　气门驱动组检修作业准备检查表

项目	内容
作业场地	带有消防设施的作业场地□
设备设施	1ZR-FE 发动机台架□ 工具车□ 零件车□ 吹气枪□ 垃圾桶□
工量辅具	套筒扳手组合套具□ 曲轴带轮固定工具□ 结合法兰固定工具□ 指针式扭力扳手□ 曲轴带轮拉马□ 一字螺丝刀□ 预置力式扭力扳手□ 开口扳手□ 游标卡尺□ 塑料锤□ 弹簧测力计□ 磁力吸棒□ 壁纸刀□
耗材	清洁布□ 泡沫清洁剂□ 专用密封胶□ 防松胶□

微组织 1：老师检查纠错，学生改正错误。微评价：☆☆☆☆☆

步骤二　拆卸气门驱动组

1. 请仔细观看老师示范，结合老师讲解、查阅教材和观看相关视频，将拆卸计划用铅笔认真填写在表 1-1-2 中。

表 1-1-2　气门驱动组拆卸计划

工序	内容	工量辅具
1		
2		
3		
4		
5		
6		
7		
8		
9		
10		
11		

微组织 2：老师检查纠错，学生改正错误。微评价：☆☆☆☆☆

2. 请写出发动机的拆装原则。

微组织 3：老师检查纠错，学生改正错误。微评价：☆☆☆☆☆

3. 请根据固定螺栓拆卸原则，用铅笔准确标注出图 1-1-1 气缸盖罩和图 1-1-2 正时链条盖固定螺栓拆卸顺序（以阿拉伯数字表示）。

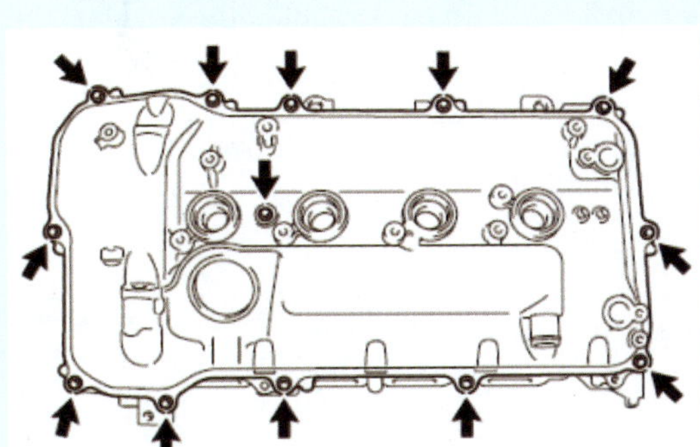

图 1-1-1　气缸盖罩固定螺栓拆卸顺序

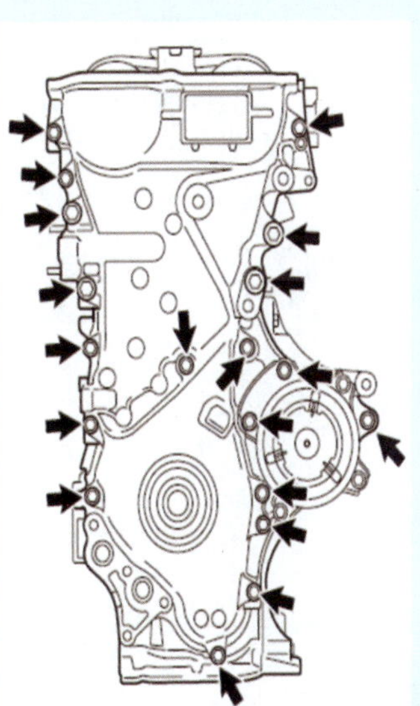

图 1-1-2　正时链条盖固定螺栓拆卸顺序

微组织 4：老师检查纠错，学生改正错误。微评价：☆☆☆☆☆

4. 请根据拆卸计划实施拆卸，详细总结操作过程中出现的问题，试着分析产生的原因，并归纳出关键词，用铅笔认真填写在图 1-1-3 中。

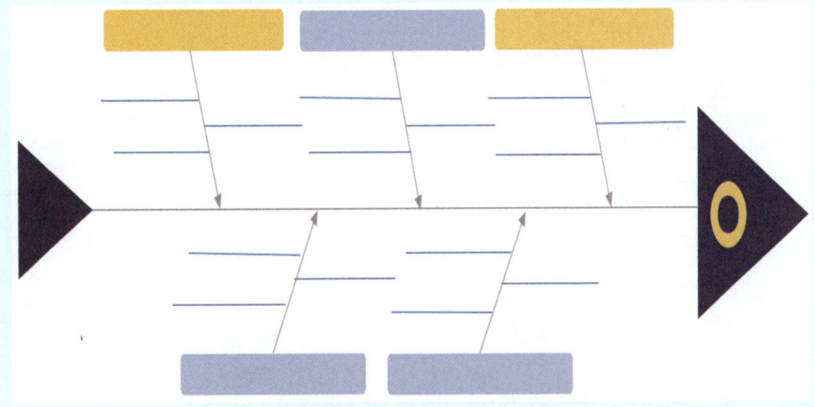

图 1-1-3　拆卸气门驱动组操作过程中出现的问题与原因

微组织 5：老师检查纠错，学生改正错误。微评价：☆☆☆☆☆

5. 请结合拆卸过程中对气门驱动组的认识和配气机构三种传动方式的特点（见表 1-1-3），查阅教材及相关资料，回答下列问题。

（1）指出 2014 款卡罗拉 1.6 L GL-i 轿车 1ZR-FE 发动机配气机构是表 1-1-3 中所列三种传动方式中的哪一种？

（2）比较配气机构三种传动方式的优劣，用铅笔认真填写在表 1-1-3 中。

表 1-1-3　配气机构三种传动方式的特点

传动方式	齿轮传动	链条传动	齿形带传动
图示	凸轮轴正时齿轮 曲轴正时齿轮	凸轮轴正时链轮 正时链条 链条张紧器导板 曲轴正时链轮	凸轮轴正时带轮 张紧轮 正时齿形带 曲轴正时带轮
优点			
缺点			

微组织 6：老师检查纠错，学生改正错误。微评价：☆☆☆☆☆

6. 请结合拆卸过程中认识的气门驱动组零部件，查阅教材和观看相关视频，在图 1-1-4 右侧横线上用铅笔认真写出气门驱动组组成部分名称并陈述其功用。

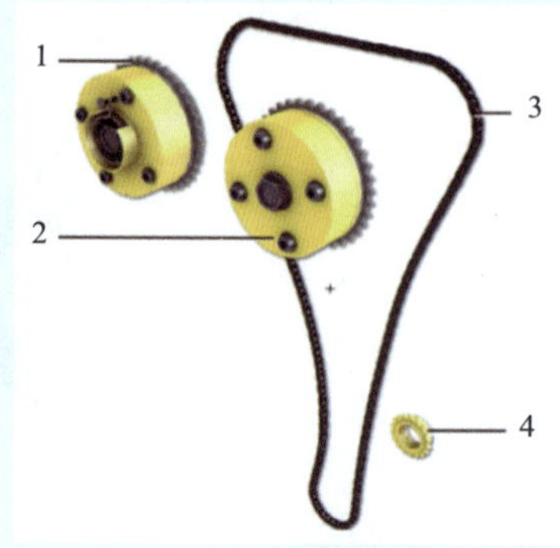

1.____________________

2.____________________

3.____________________

4.____________________

图 1-1-4　气门驱动组组成

微组织 7：老师检查纠错，学生改正错误。微评价：☆☆☆☆☆

步骤三　检修气门驱动组

1. 请仔细观看老师示范，结合老师讲解、查阅教材和观看相关视频，将检修计划用铅笔认真填写在表 1-1-4 中。

表 1-1-4　气门驱动组检修计划

序号	项目	工序	内容	工量辅具
1	测量正时链条长度	1		
		2		
		3		
2	测量正时链条张紧器导板磨损量	1		
		2		
		3		
3	1 号链条振动阻尼器磨损量	1		
		2		
		3		
4	2 号链条振动阻尼器磨损量	1		
		2		
		3		
		4		
5	正时链条张紧器板磨损量	1		
		2		
		3		
		4		
6	正时链条张紧器平稳和就位	1		
		2		
		3		
7	进气凸轮轴正时齿轮直径	1		
		2		
		3		
8	排气凸轮轴正时齿轮直径	1		
		2		
		3		
		4		
9	曲轴正时齿轮直径	1		
		2		
		3		
10	VVT 控制机构控制能力	1		
		2		
		3		

微组织 8：老师检查纠错，学生改正错误。微评价：☆☆☆☆☆

2. 请按照检修计划进行检修，并用铅笔认真填写气门驱动组检修记录表 1-1-5。

表 1-1-5　气门驱动组检修记录

序号	项目	技术标准和要求	检测结果	判定结果
1	测量正时链条长度			继续使用□ 更换□
2	测量正时链条张紧器导板磨损量			继续使用□ 更换□
3	1 号链条振动阻尼器磨损量			继续使用□ 更换□
4	2 号链条振动阻尼器磨损量			继续使用□ 更换□
5	正时链条张紧器板磨损量			继续使用□ 更换□
6	正时链条张紧器平稳和就位			继续使用□ 更换□
7	进气凸轮轴正时齿轮直径			继续使用□ 更换□
8	排气凸轮轴正时齿轮直径			继续使用□ 更换□
9	曲轴正时齿轮直径			继续使用□ 更换□
10	VVT 控制机构控制能力			继续使用□ 更换□

微组织 9：老师检查纠错，学生改正错误。微评价：☆☆☆☆☆

3. 请结合检修过程对气门驱动组损伤的认识，查阅教材和相关资料，总结气门驱动组常见损伤形式，用铅笔认真填写在图 1-1-5 中，并试着简要分析产生损伤的原因。

微组织 10：老师检查纠错，学生改正错误。微评价：☆☆☆☆☆

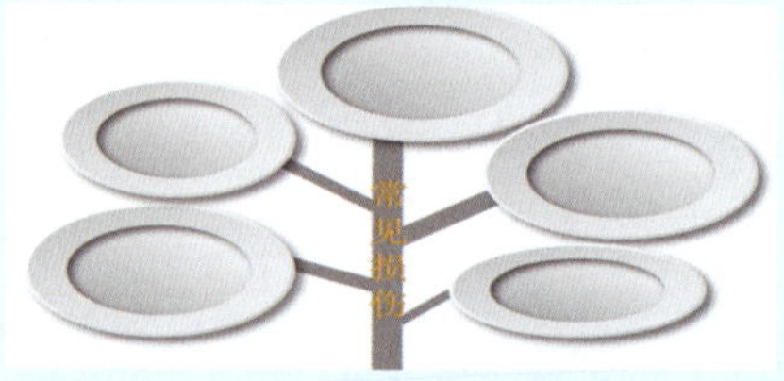

图 1-1-5　气门驱动组常见损伤形式

4. 请结合拆检过程中认识的正时链条张紧器，查阅教材和相关资料，在图 1-1-6 右侧横线上用铅笔认真写出组成部件名称。

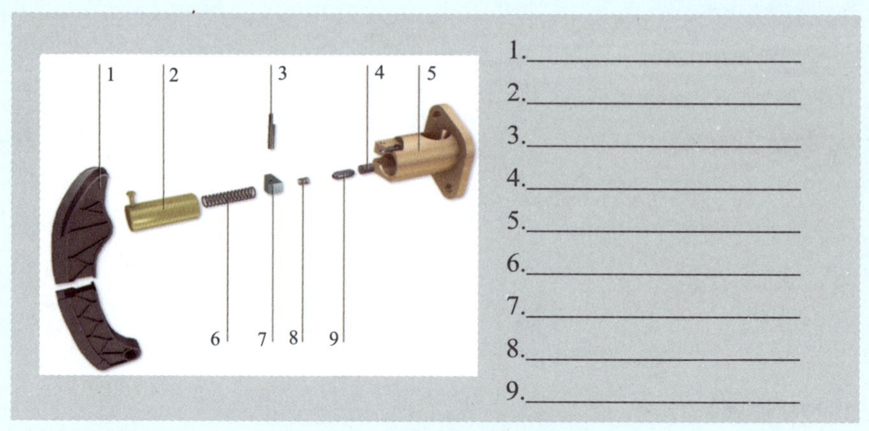

图 1–1–6　正时链条张紧器组成

微组织 11：老师检查纠错，学生改正错误。微评价：☆☆☆☆☆

步骤四　安装气门驱动组

1. 请仔细观看老师示范，结合老师讲解、查阅教材和观看相关视频，将气门驱动组安装计划用铅笔认真填写在表 1-1-6 中。

表 1-1-6　气门驱动组安装计划

工序	内容	工量辅具
1		
2		
3		
4		
5		
6		
7		
8		
9		
10		
11		
12		
13		

微组织 12：老师检查纠错，学生改正错误。微评价：☆☆☆☆☆

2. 请根据固定螺栓紧固原则，用铅笔准确标注出图 1-1-7 气缸盖罩和图 1-1-8 正时链条盖固定螺栓紧固顺序（以阿拉伯数字表示）。

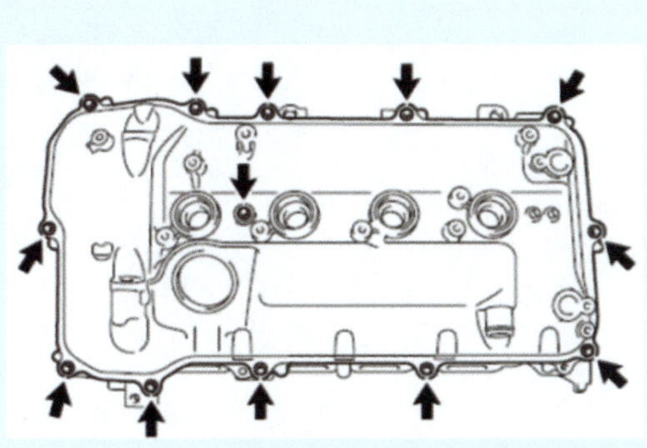

图 1-1-7　气缸盖罩固定螺栓紧固顺序

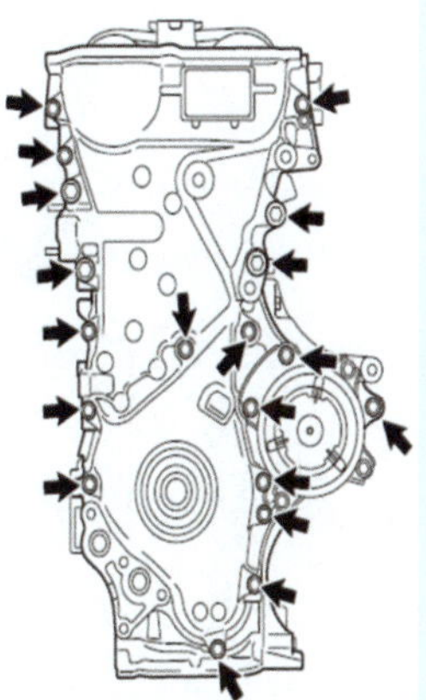

图 1-1-8　正时链条盖固定螺栓紧固顺序

微组织 13：老师检查纠错，学生改正错误。微评价：☆☆☆☆☆

3. 请查阅教材和维修手册，完善表 1-1-7。

表 1-1-7　气门驱动组安装技术标准

项目	标准
紧固进、排气凸轮轴正时齿轮和 VVT 总成固定螺栓扭矩	
紧固 1 号链条振动阻尼器固定螺栓扭矩	
紧固 2 号链条振动阻尼器固定螺栓扭矩	
紧固 1 号链条张紧器固定螺母扭矩	
紧固曲轴带轮固定螺栓扭矩	
紧固气缸盖罩固定螺栓扭矩	
紧固正时链条盖固定螺栓扭矩	

微组织 14：老师检查纠错，学生改正错误。微评价：☆☆☆☆☆

4. 请根据安装计划实施安装，总结在安装气门驱动组过程中应注意的问题，并用铅笔认真写在下面方格中。

微组织 15：老师检查纠错，学生改正错误。微评价：☆☆☆☆☆

5. 请数一数凸轮轴正时齿轮和曲轴正时齿轮的齿数，并写出其传动比______________。

微组织 16：老师检查纠错，学生改正错误。微评价：☆☆☆☆☆

案例

案例一：在正时链条张紧器已拆卸的情况下，一学徒工不注意转动了曲轴

某汽修厂一学徒工，作为师傅助理拆卸正时链条时，在已拆卸了链条张紧器的情况下，出于好奇转动了曲轴，造成了链条脱链，卡在气缸盖和气缸体上。

链条脱链，会造成链轮、链条磨损，链条伸长，甚至链轮轮齿断裂，同时也会划伤气缸盖和气缸体，造成漏气、漏油。

如果链条磨损松弛，啮合零部件就会产生间隙，只要动起来就会产生异响。如果链条磨损严重，还会导致链条张紧器工作面磨损、柱塞推杆发咬，造成曲轴链条发生异响；还可能导致正时链条在中高速运转时会发生跳动，使得配气正时不准确，引起车辆费油、无力、爆燃、抖动等故障，严重时会因气门过早打开或过晚关闭使气门和上行的活塞碰撞，损坏发动机。

因此，当正时链条张紧器未在其安装位置时，严禁转动曲轴。

案例二：某 4S 店一机修师傅，在使用一字螺丝刀撬动正时链条盖时造成接触面划伤

某 4S 店一机修师傅，在使用一字螺丝刀撬动正时链条盖时，图省事，对一字螺丝刀头部未做保护，造成正时链条盖及其接触面划伤。

正时链条盖及其接触面划伤，会使发动机的密封性变差，易漏气、漏油、抖动，降低了发动机动力。

因此，使用一字螺丝刀撬动正时链条盖时，头部必须做好保护，如缠上胶带、塑料、橡胶等，避免正时链条盖及其接触面划伤。

任务二　检修气门传动组

步骤一　作业准备

请详细复述作业准备项目与内容，对照表 1-2-1 核准检查。若已准备好，请用铅笔在相应项目内容后的方框内画上“√”；若有遗漏，请补充后再画上“√”。

表 1-2-1　气门传动组检修作业准备检查表

项目	内容
作业场地	带有消防设施的作业场地□
设备设施	1ZR-FE 发动机台架□ 工具车□ 零件车□ 吹气枪□ 垃圾桶□
工量辅具	套筒扳手组合套具□ 指针式扭力扳手□ 预置力式扭力扳手□ 百分表及磁性表座□ 外径千分尺及支架□ V 形架□
耗材	清洁布□ 泡沫清洁剂□ 塑料测隙规□

微组织 1：老师检查纠错，学生改正错误。微评价：☆☆☆☆☆

步骤二　拆卸气门传动组

1. 请仔细观看老师示范，结合老师讲解、查阅教材和观看相关视频，将拆卸计划用铅笔认真填写在表 1-2-2 中。

表 1-2-2　气门传动组拆卸计划

工序	内容	工量辅具
1		
2		
3		
4		
5		

微组织 2：老师检查纠错，学生改正错误。微评价：☆☆☆☆☆

2. 请根据固定螺栓拆卸原则，用铅笔准确标注出图 1-2-1 凸轮轴轴承盖 10 个固定螺栓和图 1-2-2 凸轮轴轴承盖 15 个固定螺栓拆卸顺序（以阿拉伯数字表示）。

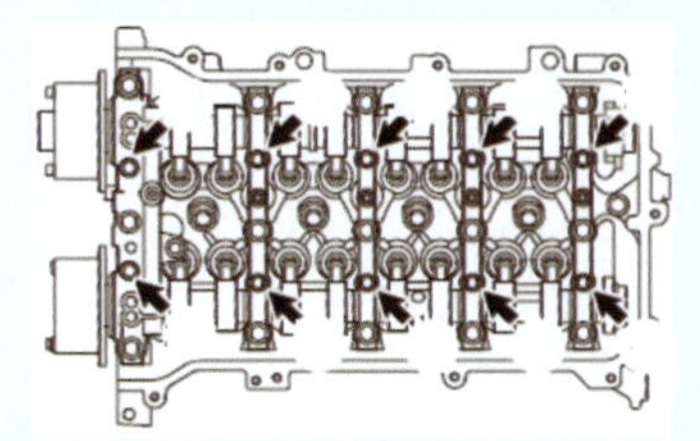

图 1-2-1　凸轮轴轴承盖 10 个固定螺栓拆卸顺序

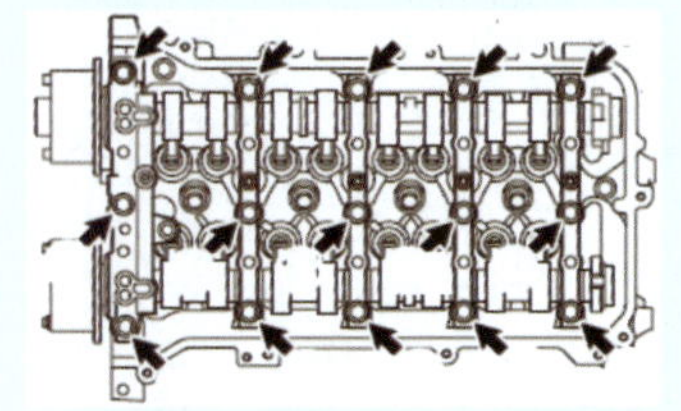

图 1-2-2　凸轮轴轴承盖 15 个固定螺栓拆卸顺序

微组织 3：老师检查纠错，学生改正错误。微评价：☆☆☆☆☆

3. 请根据拆卸计划实施拆卸，详细总结操作过程中出现的问题，试着分析产生的原因，归纳出关键词，用铅笔认真填写在图 1-2-3 中。

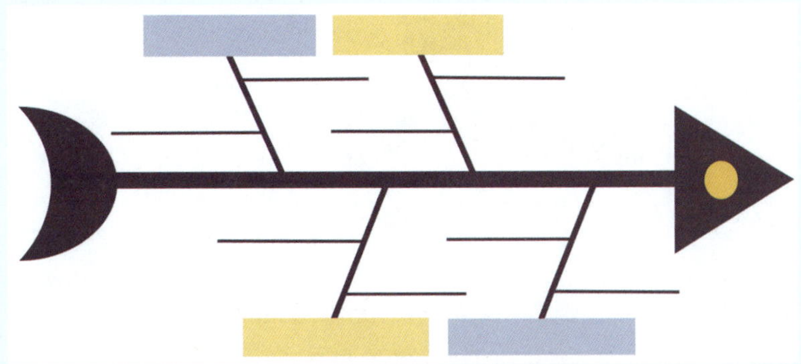

图 1-2-3　拆卸气门传动组操作过程中出现的问题与原因

微组织 4：老师检查纠错，学生改正错误。微评价：☆☆☆☆☆

4. 请结合拆卸过程中对气门传动组的认识和配气机构凸轮轴三种布置形式的特点（见表 1-2-3），查阅教材及相关资料，回答下列问题。

（1）指出 2014 款卡罗拉 1.6L GL-i 轿车 1ZR-FE 发动机配气机构凸轮轴是表 1-2-3 中所列三种布置形式中的哪一种布置形式？

（2）比较配气机构凸轮轴三种布置形式优劣，用铅笔认真填写在表 1-2-3 中。

表 1-2-3　配气机构凸轮轴三种布置形式的特点

布置形式	凸轮轴上置式	凸轮轴中置式	凸轮轴下置式
图示			
优点			
缺点			

微组织 5：老师检查纠错，学生改正错误。微评价：☆☆☆☆☆

5. 请结合拆卸过程中认识的气门传动组零部件，查阅教材和观看相关视频，在图 1-2-4 右侧横线上用铅笔认真写出气门传动组组成部分名称并陈述其功用。

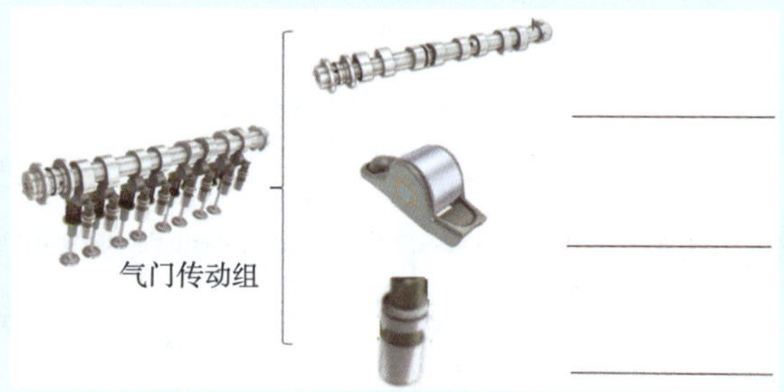

图 1-2-4　气门传动组组成

微组织 6：老师检查纠错，学生改正错误。微评价：☆☆☆☆☆

步骤三　检修气门传动组

1. 请仔细观看老师示范，结合老师讲解、查阅教材和观看相关视频，将检修计划用铅笔认真填写在表 1-2-4 中。

表 1-2-4　气门传动组检修计划

序号	项目	工序	内容	工量辅具
1	凸轮轴轴颈直径	1		
		2		
		3		
2	凸轮轴径向圆跳动	1		
		2		
		3		
3	凸轮轴油膜间隙	1		
		2		
		3		
4	凸轮轴凸角高度	1		
		2		
5	凸轮轴轴向间隙	1		
		2		
		3		
6	摇臂滚轮表面和转动	1		
		2		
		3		

续表

序号	项目	工序	内容	工量辅具
7	液压挺柱柱塞功能	1		
		2		
		3		

微组织 7：老师检查纠错，学生改正错误。微评价：☆☆☆☆☆

2. 请按照检修计划进行检修，并用铅笔认真填写检修记录表 1-2-5。

表 1-2-5　气门传动组检修记录

序号	项目	技术标准和要求	检测结果	判定结果
1	凸轮轴轴颈直径			继续使用 □ 更换 □
2	凸轮轴径向圆跳动			继续使用 □ 更换 □
3	凸轮轴油膜间隙			继续使用 □ 更换 □
4	凸轮轴凸角高度			继续使用 □ 更换 □
5	凸轮轴轴向间隙			继续使用 □ 更换 □
6	摇臂滚轮表面和转动			继续使用 □ 更换 □
7	液压挺柱柱塞功能			继续使用 □ 更换 □

微组织 8：老师检查纠错，学生改正错误。微评价：☆☆☆☆☆

3. 请查阅教材和相关资料，回答下列问题。

（1）请在横线上用铅笔认真写出凸轮轴常见损伤形式：＿＿＿＿＿＿、＿＿＿＿＿＿、＿＿＿＿＿＿等。

（2）结合检修过程对凸轮轴损伤的认识，查阅教材和相关资料，简要分析凸轮轴常见损伤产生原因及危害，并用铅笔认真填写在图 1-2-5 中。

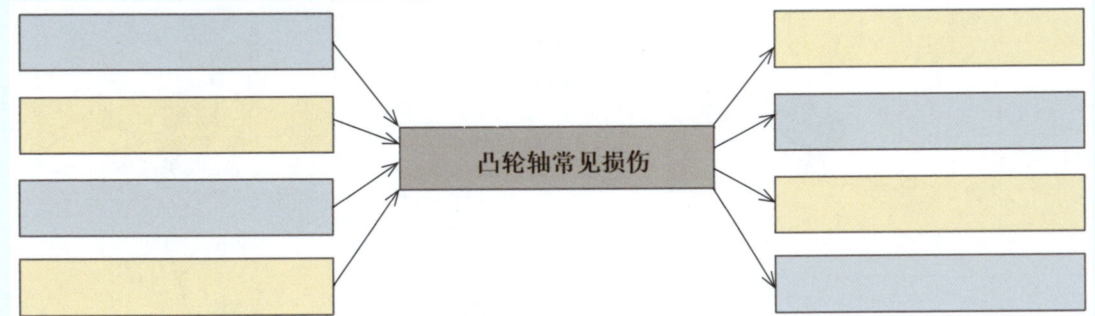

图 1-2-5　凸轮轴常见损伤产生原因及危害

微组织 9：老师检查纠错，学生改正错误。微评价：☆☆☆☆☆

4. 请查阅教材和观看视频，结合拆检过程对凸轮轴的认识，回答下列问题。

（1）在图 1-2-6 右侧横线上用铅笔认真写出凸轮轴结构名称。

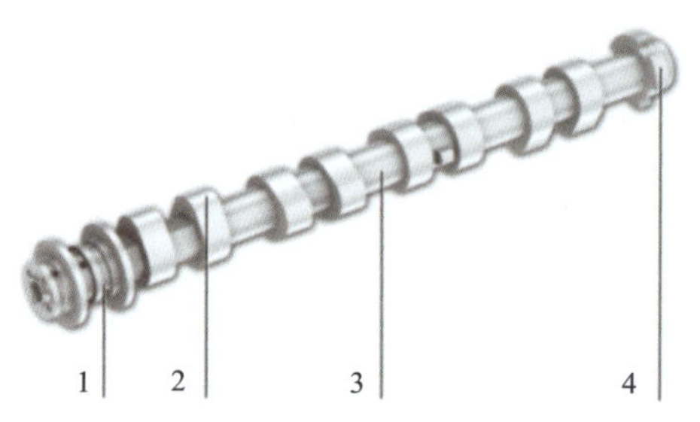

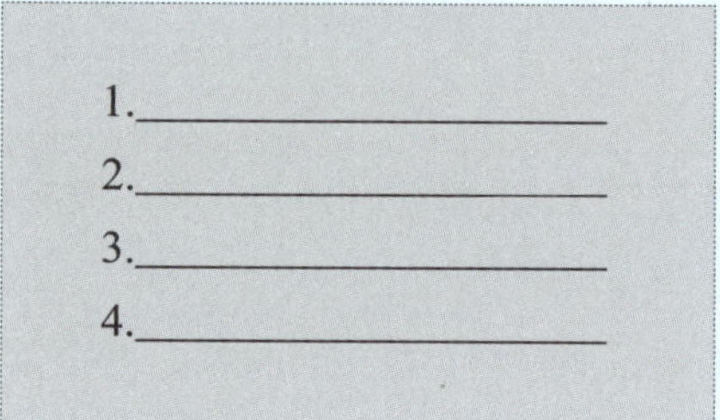

图 1-2-6　凸轮轴结构

（2）结合图 1-2-7，解释说明凸轮轮廓曲线为什么是渐开线形状？

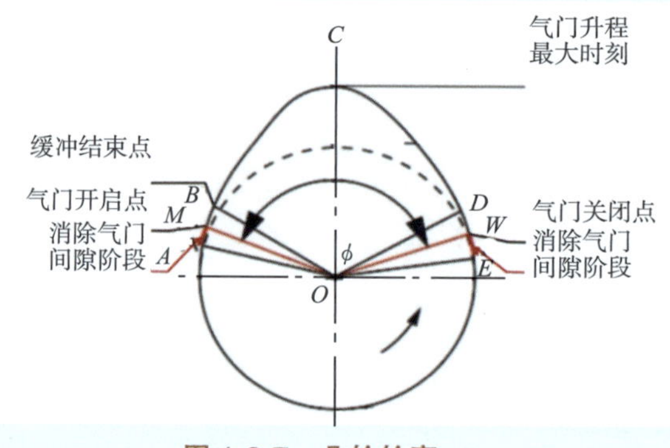

图 1-2-7　凸轮轮廓

微组织 10：老师检查纠错，学生改正错误。微评价：☆☆☆☆☆

5. 请结合拆检过程认识的摇臂，查阅教材和观看视频，在图 1-2-8 右侧横线上用铅笔认真写出组成部件名称。

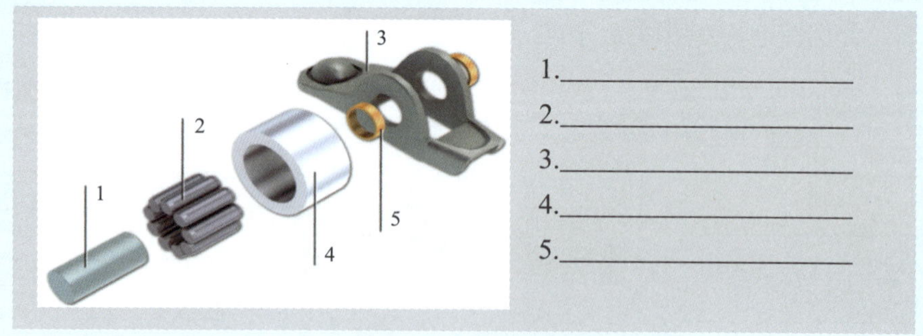

图 1–2–8　摇臂组成

微组织 11：老师检查纠错，学生改正错误。微评价：☆☆☆☆☆

6. 请结合拆检过程认识的液压挺柱，查阅教材和相关资料，在图 1-2-9 右侧横线上用铅笔认真写出组成液压挺柱的零件名称，并详细说明发动机使用液压挺柱的优越性。

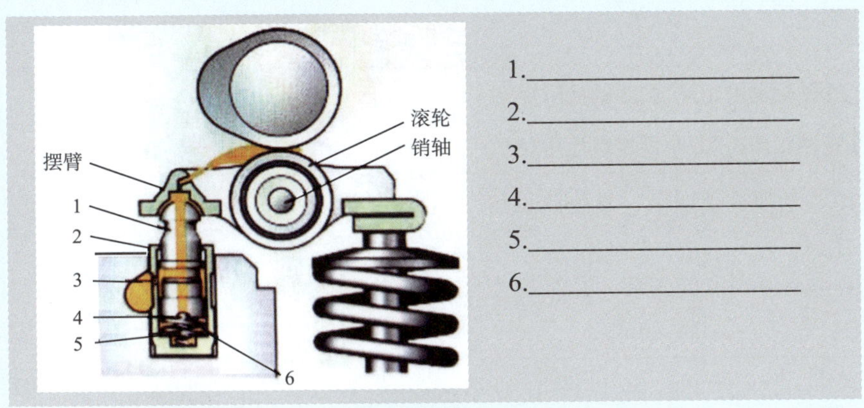

图 1-2-9　液压挺柱组成

微组织 12：老师检查纠错，学生改正错误。微评价：☆☆☆☆☆

步骤四　安装气门传动组

1. 请仔细观看老师示范，结合老师讲解、查阅教材和观看相关视频，将安装计划用铅笔认真填写在表 1-2-6 中。

表 1-2-6　气门传动组安装计划

工序	内容	工量辅具
1		
2		
3		
4		
5		
6		

微组织 13：老师检查纠错，学生改正错误。微评价：☆☆☆☆☆

2. 请根据螺栓紧固原则，用铅笔准确标注出图 1-2-10 凸轮轴轴承盖 10 个固定螺栓和图 1-2-11 凸轮轴轴承盖 15 个固定螺栓紧固顺序（以阿拉伯数字表示）。

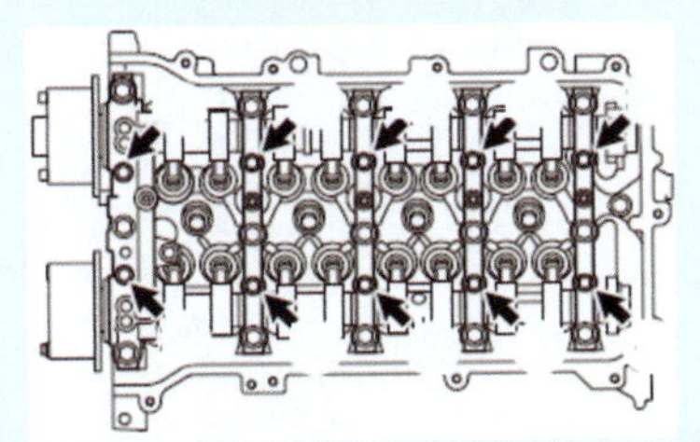

图 1-2-10　凸轮轴轴承盖 10 个固定螺栓紧固顺序

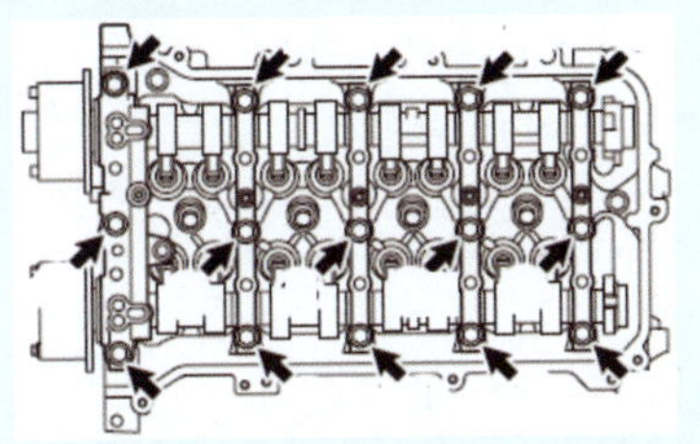

图 1-2-11　凸轮轴轴承盖 15 个固定螺栓紧固顺序

微组织 14：老师检查纠错，学生改正错误。微评价：☆☆☆☆☆

3. 请查阅教材和维修手册，完善表 1-2-7。

表 1-2-7 气门驱动组安装技术标准

项目	标准
紧固凸轮轴轴承盖 10 个固定螺栓扭矩	
紧固凸轮轴轴承盖 15 个固定螺栓扭矩	

微组织 15：老师检查纠错，学生改正错误。微评价：☆☆☆☆☆

4. 请根据安装计划实施安装，总结在安装气门传动组过程中应注意的问题，并用铅笔认真写在下面方格中。

微组织 16：老师检查纠错，学生改正错误。微评价：☆☆☆☆☆

5. 请结合安装凸轮轴轴承经验及安装位置（见图 1-2-12），解释说明凸轮轴轴承安装位置要求。

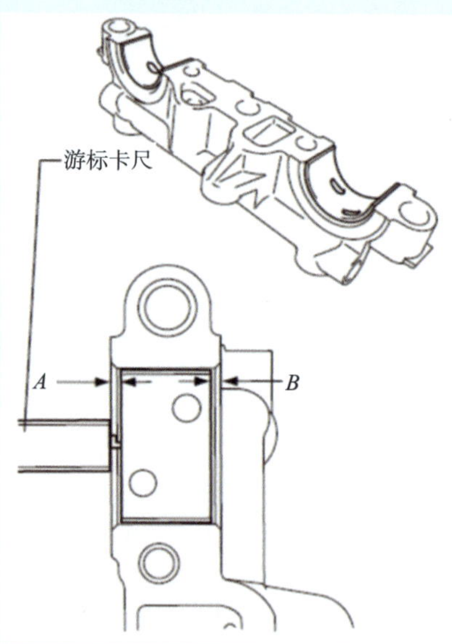

图 1-2-12 凸轮轴轴承安装位置

微组织 17：老师检查纠错，学生改正错误。微评价：☆☆☆☆☆

案例

案例一：一徒弟未按原顺序安装液压挺柱

某汽修厂在检修发动机气门时，将液压挺柱全部拆了下来。在安装时，苗师傅的徒弟小孙未按原来顺序安装，苗师傅对其进行了严厉批评。

挺柱与挺柱导向孔经过磨合，彼此已经相适应，若不按原来顺序安装，需重新磨合，增加了磨损。所以液压挺柱必须按原顺序安装。因此，在拆卸时就应按顺序摆放，以免弄错。

案例二：某汽修厂机修车间师傅在拆装凸轮轴轴承盖时野蛮操作

某汽修厂机修车间在进行凸轮轴拆装作业后，凸轮轴发生了断裂。

凸轮轴出现断裂的常见原因有液压挺杆碎裂或严重磨损、润滑不良、凸轮轴质量差以及凸轮轴正时齿轮破裂等。经调查分析，与上述原因无关。

进一步调查，与师傅野蛮操作有关。师傅在拆卸凸轮轴轴承盖时用锤子强力敲击，安装轴承盖时未按从中间到两边、分多次拧紧的紧固原则进行，拧紧力矩过大。

维修发动机时对凸轮轴必须进行正确拆装。必须杜绝拆卸凸轮轴轴承盖时用锤子强力敲击或用螺丝刀撬压，或安装轴承盖时将位置装错导致轴承盖与轴承座不匹配，或轴承盖紧固螺栓拧紧力矩过大等。安装轴承盖时应注意轴承盖表面上的方向箭头和位置号等标记，并严格按照规定力矩使用扭力扳手拧紧轴承盖紧固螺栓。

任务三　检修气门组与气缸盖

步骤一　作业准备

请详细复述作业准备项目与内容，对照表 1-3-1 核准检查。若已准备好，请用铅笔在相应项目内容后的方框内画上“√”；若有遗漏，请补充后再画上“√”。

表 1-3-1　气门组与气缸盖检修作业准备检查表

项目	内容
作业场地	带有消防设施的作业场地□
设备设施	1ZR-FE 发动机台架□工具车□零件车□吹气枪□垃圾桶□
工量辅具	套筒扳手组合套具□ 指针式扭力扳手□ 预置力式扭力扳手□ 百分表及磁性表座□ 外径千分尺及支架□ 气门弹簧压缩器□ 磁力吸棒□ 气门油封拆装专用工具□ 铅笔□ 铲刀□ 枕木□ 游标卡尺□ 塑料锤□ 刷子□ 直角尺□ 内测卡规□ 塞尺□ 机油壶□
耗材	清洁布□ 泡沫清洁剂□ 发动机机油□ 红丹□

微组织 1：老师检查纠错，学生改正错误。微评价：☆☆☆☆☆

步骤二　拆卸气门组与气缸盖

1. 请仔细观看老师示范，结合老师讲解、查阅教材和观看相关视频，将拆卸计划用铅笔认真填写在表 1-3-2 中。

表 1-3-2　气门组与气缸盖拆卸计划

工序	内容	工量辅具
1		
2		
3		
4		
5		
6		
7		
8		
9		
10		
11		
12		
13		
14		
15		
16		

微组织 2：老师检查纠错，学生改正错误。微评价：☆☆☆☆☆

2. 请根据固定螺栓拆卸原则，用铅笔准确标注出图 1-3-1 气缸盖固定螺栓拆卸顺序（以阿拉伯数字表示）。

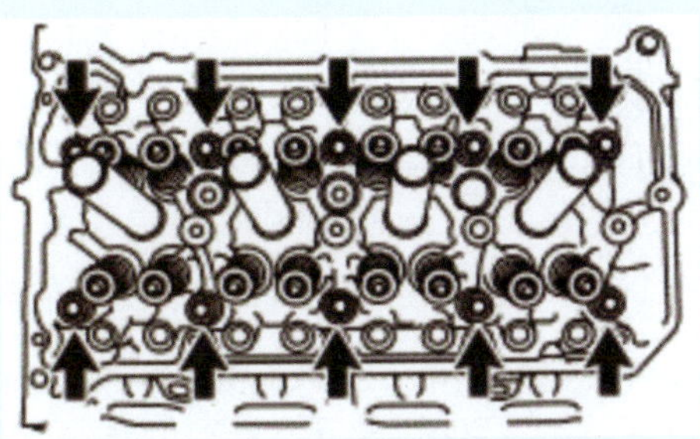

图 1-3-1　气缸盖固定螺栓拆卸顺序

微组织 3：老师检查纠错，学生改正错误。微评价：☆☆☆☆☆

3. 请根据拆卸计划实施拆卸，详细总结操作过程中出现的问题，试着分析产生的原因，归纳出关键词，用铅笔认真填写在图 1-3-2 中。

图 1-3-2　拆卸气门组与气缸盖操作过程中出现的问题与原因

微组织 4：老师检查纠错，学生改正错误。微评价：☆☆☆☆☆

4. 请结合拆卸过程中认识的气门组零部件，在图 1-3-3 的右侧写出编号名称。

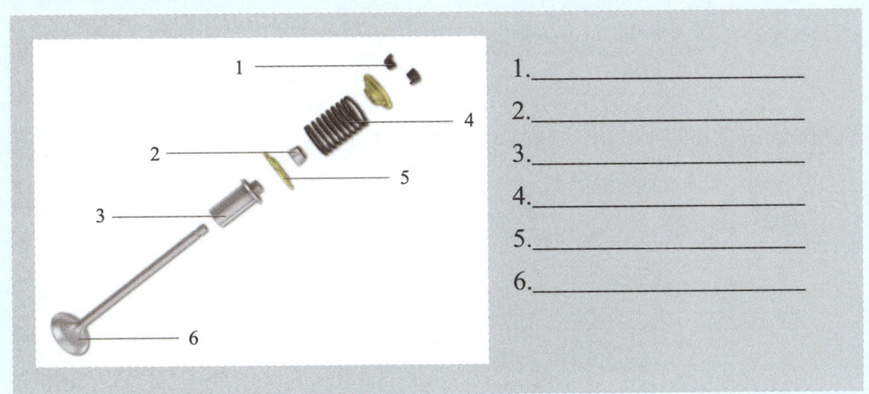

图 1-3-3　气门组组成

微组织 5：老师检查纠错，学生改正错误。微评价：☆☆☆☆☆

5. 请结合气门组的组成结构，或查阅教材等相关资料，说明气门油封和气门锁片的功用。

微组织 6：老师检查纠错，学生改正错误。微评价：☆☆☆☆☆

6. 请结合拆卸过程中对气门组的认识和表 1-3-3 中的图示，查阅教材及相关资料，回答下列问题。

（1）指出 2014 款卡罗拉 1.6 L GL-i 轿车 1ZR-FE 发动机配气机构在表 1-3-3 中所列按气门数量分类中的哪一种形式？

（2）比较不同气门数量的配气机构优劣，用铅笔认真填写在表 1-3-3 中。

表 1-3-3　气门数量不同的配气机构三种布置形式特点

布置形式	二气门式	四气门式	五气门式
图示	进气门　排气门	进气门　排气门	进气门　排气门
优点			
缺点			

微组织 7：老师检查纠错，学生改正错误。微评价：☆☆☆☆☆

7. 请结合拆卸气缸盖的实际操作过程，总结应注意的问题，在下面方格中用铅笔认真写出拆卸要求。

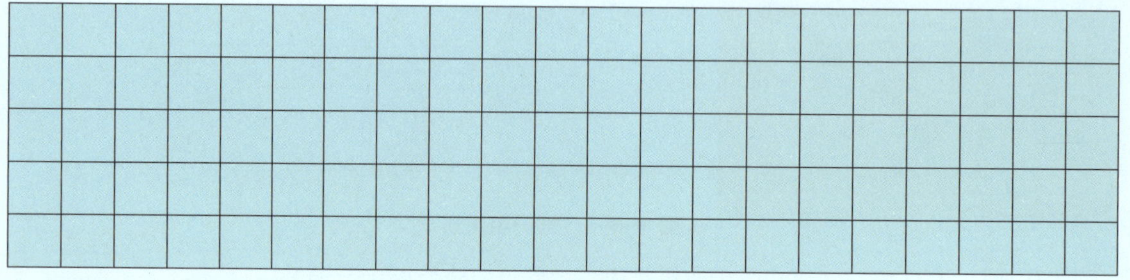

微组织 8：老师检查纠错，学生改正错误。微评价：☆☆☆☆☆

步骤三　检修气门组与气缸盖

1. 请仔细观看老师示范，结合老师讲解、查阅教材和观看相关视频，将检修计划用铅笔认真填写在表 1-3-4 中。

表 1-3-4　气门组与气缸盖检修计划

序号	项目	工序	内容	工量辅具
1	气门外观	1		
		2		
2	气门工作面磨损	1		
		2		
3	气门杆部磨损	1		
		2		
4	气门杆端面磨损	1		
		2		
5	气门杆弯曲	1		
		2		
		3		
6	气门导管油膜间隙	1		
		2		
		3		
7	气门弹簧外观	1		
		2		
8	气门弹簧自由长度	1		
		2		
9	气门弹簧偏移量	1		
		2		
10	气缸盖裂纹	1		
		2		
		3		
		4		
11	气缸盖腐蚀和螺纹孔损坏	1		
		2		
12	气缸盖下平面翘曲变形	1		
		2		
		3		
13	气门落座位置	1		
		2		
		3		
		4		

微组织 9：老师检查纠错，学生改正错误。微评价：☆☆☆☆☆

2. 请按照检修计划进行检修，并用铅笔认真填写检修记录表 1-3-5。

表 1-3-5　气门组与气缸盖检修记录

序号	项目	技术标准和要求	检测结果	判定结果
1	气门外观			继续使用□ 更换□
2	气门工作面磨损			继续使用□ 更换□
3	气门杆部磨损			继续使用□ 更换□
4	气门杆端面磨损			继续使用□ 更换□
5	气门杆弯曲			继续使用□ 更换□
6	气门导管油膜间隙			继续使用□ 更换□
7	气门弹簧外观			继续使用□ 更换□
8	气门弹簧自由长度			继续使用□ 更换□
9	气门弹簧偏移量			继续使用□ 更换□
10	气缸盖裂纹			继续使用□ 更换□
11	气缸盖腐蚀和螺纹孔损坏			继续使用□ 更换□
12	气缸盖下平面翘曲变形			继续使用□ 更换□
13	气门落座位置			继续使用□ 更换□

微组织 10：老师检查纠错，学生改正错误。微评价：☆☆☆☆☆

3. 请查阅教材和观看视频，结合拆检过程对气门的认识，在图 1-3-4 右侧横线上用铅笔认真写出气门结构名称。

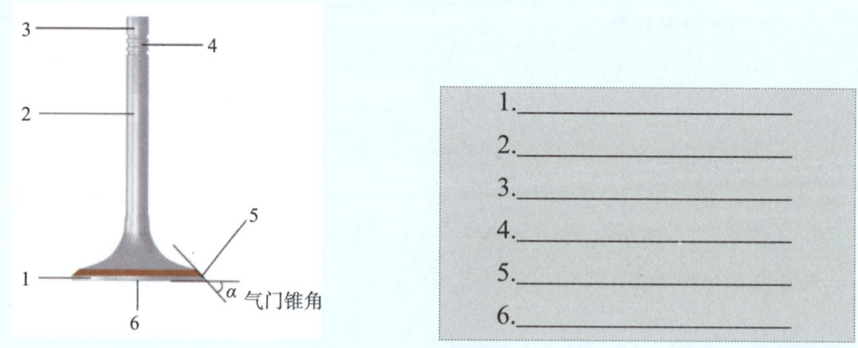

图 1-3-4　气门结构

微组织 11：老师检查纠错，学生改正错误。微评价：☆☆☆☆☆

4. 请结合检测气缸盖的实际操作过程，总结应注意的问题，在下面方格中用铅笔认真写出检测要求。

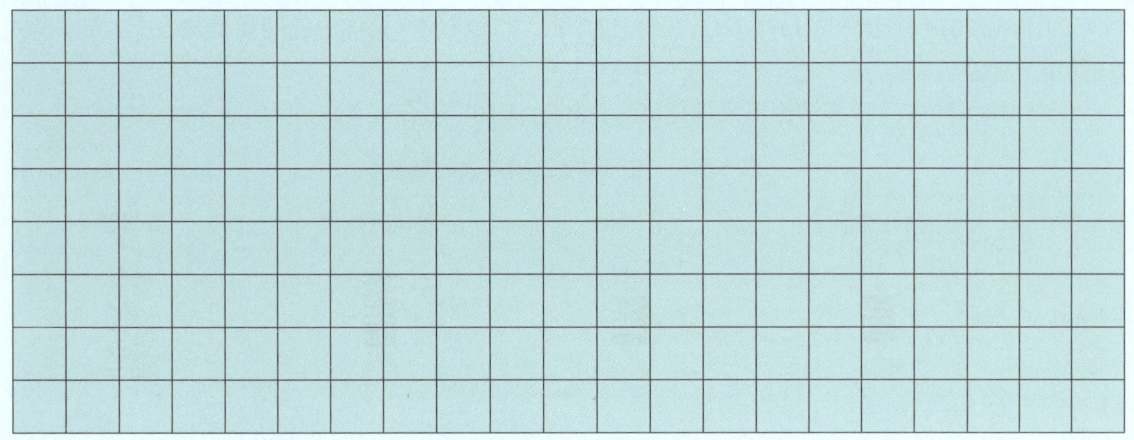

微组织 12：老师检查纠错，学生改正错误。微评价：☆☆☆☆☆

5. 请结合检修过程对气门组与气缸盖损伤的认识，查阅教材和相关资料，总结气门组与气缸盖常见损伤形式并简要分析产生原因，填写到图 1-3-5 和图 1-3-6 中。

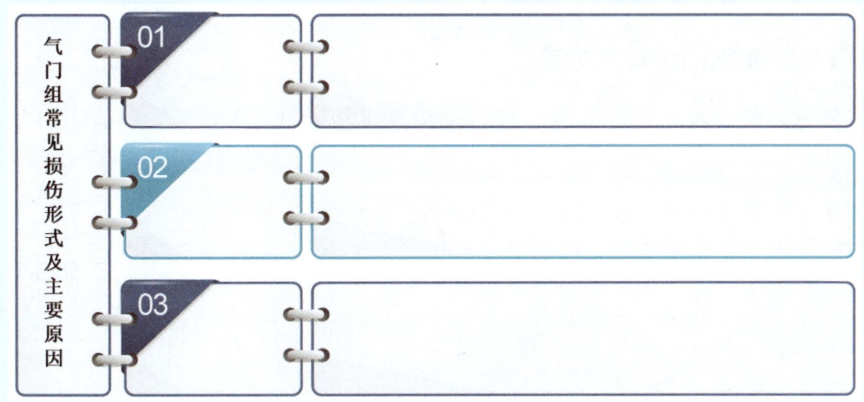

图 1-3-5　气门组常见损伤形式及主要原因

图 1-3-6　气缸盖常见损伤形式及主要原因

微组织 13：老师检查纠错，学生改正错误。微评价：☆☆☆☆☆

6. 请结合气门弹簧结构形式的特点（见图 1-3-6），查阅教材及相关资料，回答下列问题。

（1）指出 2014 款卡罗拉 1.6 L GL-i 轿车 1ZR-FE 发动机配气机构中气门弹簧是表 1-3-6 中所列形式的哪一种？

（2）比较不同气门弹簧结构形式的优劣，用铅笔认真填写在表 1-3-6 中。

表 1-3-6　气门弹簧结构形式的特点

结构形式	圆柱弹簧	双弹簧	变螺距弹簧	锥弹簧
图示				
优点				
缺点				

微组织 14：老师检查纠错，学生改正错误。微评价：☆☆☆☆☆

步骤四　安装气门组与气缸盖

1. 请仔细观看老师示范，结合老师讲解、查阅教材和观看相关视频，将安装计划用铅笔认真填写在表 1-3-7 中。

表 1-3-7　气门组与气缸盖安装计划

工序	内容	工量辅具
1		
2		
3		
4		
5		
6		
7		
8		
9		
10		

微组织 15：老师检查纠错，学生改正错误。微评价：☆☆☆☆☆

2. 请根据螺栓紧固原则，用铅笔准确标注出图 1-3-7 气缸盖固定螺栓紧固顺序（以阿拉伯数字表示）。

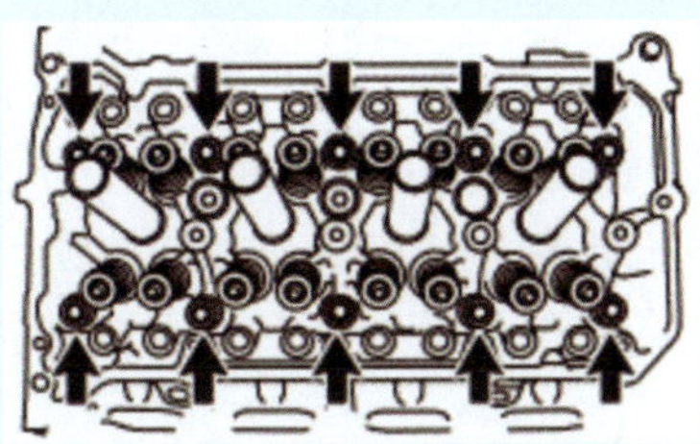

图 1-3-7　气缸盖固定螺栓紧固顺序

微组织 16：老师检查纠错，学生改正错误。微评价：☆☆☆☆☆

3. 请查阅教材和维修手册，完善表 1-3-8。

表 1-3-8　气缸盖安装技术标准

项目	标准
紧固气缸盖固定螺栓扭矩	

微组织 17：老师检查纠错，学生改正错误。微评价：☆☆☆☆☆

4. 请根据安装计划实施安装，总结气缸盖在安装过程中应注意的问题，并用铅笔认真写在下面方格中。

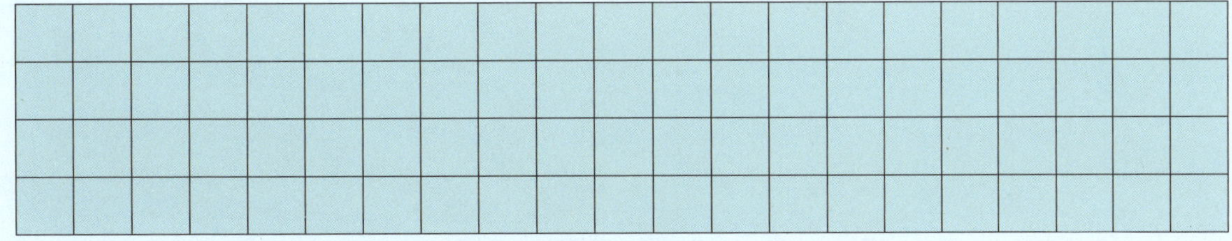

微组织 18：老师检查纠错，学生改正错误。微评价：☆☆☆☆☆

案例

案例一：气门组检修拆卸时，弹簧飞起伤人

气门组在组装完毕后，弹簧处于预紧状态，如拆卸不当，弹簧弹出会击伤人体。因此，在拆卸气门组时，必须使用专门的气门弹簧压缩器进行规范操作，方能保证安全拆卸气门组。拆卸时，使用气门弹簧压缩器将弹簧座连同已被预紧的弹簧压下，使锁片处于自由状态可方便取下。然后再将弹簧座连同弹簧一起慢慢放松，直至弹簧处于完全放松的自由装调，即可轻松取出弹簧座、弹簧和气门。

案例二：垫片使用不规范带来的问题

发动机气缸盖衬垫过厚，导致压缩比降低，发动机起动困难；喷油器与气缸盖配合面间使用铜垫片，如使用石棉垫代替，易使喷油器散热不良发生烧蚀；柴油机输油泵和喷油泵结合面间垫片过厚，导致输油量及输油压力不足，柴油机功率下降；如漏装弹簧垫、锁紧垫、密封垫，致使接合不紧，易发生松动或漏油等现象；因垫片中间有孔而忘记开孔导致油道、水道堵塞，发动机烧瓦抱轴、水箱开锅的现象也经常发生。

项目二　检修气缸体和曲柄连杆机构

项目任务单

<table>
<tr><td>项目描述</td><td>完成 2014 款卡罗拉 1.6 L GL-i 轿车 1ZR-FE 发动机气缸体和曲柄连杆机构机构检修作业</td></tr>
<tr><td>项目要求</td><td>符合 2014 款卡罗拉 1.6 L GL-i 轿车 1ZR-FE 发动机技术要求与标准，正确使用工具，完成如下检修作业：
（1）检修活塞连杆组；
（2）检修曲轴飞轮组；
（3）检修气缸体</td></tr>
<tr><td>学习目标</td><td>（1）准确陈述气缸体和曲柄连杆机构、活塞连杆组、曲轴飞轮组的组成（或结构）及功用；
（2）准确陈述活塞连杆组检修作业方法；
（3）准确陈述曲轴飞轮组检修作业方法；
（4）准确陈述气缸体检修作业方法；
（5）规范地对活塞连杆组进行检修作业；
（6）规范地对曲轴飞轮组进行检修作业；
（7）规范地对气缸体进行检修作业；
（8）养成自觉遵守技术标准和要求规定、规范操作、安全、环保、“5S”作业的好习惯；
（9）树立辛勤劳动为荣、好逸恶劳为耻的正确思想观念；
（10）认识到解决问题就是创新</td></tr>
<tr><td>项目载体</td><td>2014 款卡罗拉 1.6 L GL-i 轿车 1ZR-FE 发动机气缸体和曲柄连杆机构如下图
</td></tr>
<tr><td>计划学时</td><td>18~24 学时</td></tr>
</table>

工作页	上课地点		学生姓名		完成 / 未完成
	任课教师		上课时间		优 / 良 / 中 / 及格

项目导入

一、讲一讲：平衡重之谜

现在看似一切简单的常识，对于1958年的红旗轿车生产者们都是一个谜。在研制第一台红旗发动机曲轴的时候，就遇到了“平衡重”之谜。

你知道什么是平衡重吗？请查阅教材或相关资料，用铅笔认真写在下面方格内。

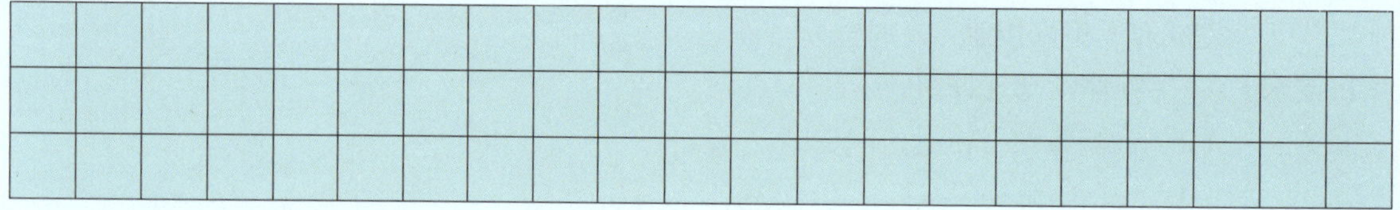

早在1958年，《汽车工人》日报详细描述了一汽人攻克红旗发动机曲轴平衡重之谜的场景，请大家捧起书，静静地阅读，沉浸在我们先辈勇克难关、技能报国的热忱中！

曲轴的加工是发动机试制中的关键之一。没有理想的锻件，找一根大圆料，捶打了几个弯就拿来加工了。经过八九个昼夜不停的苦战，终于加工出来了。但把它放到平衡机上进行平衡试验的时候，人们顿时紧张起来了，曲轴只是在平衡机上左右摆动，不能平衡转动，试验了几次都不行。具体是什么问题，一时找不出来答案。

两三天过去了，时间越来越紧，大家非常焦急。共产党员王显君为这事几昼夜没睡了，他左思右想，怎么也找不出毛病来。是不是连杆、活塞的重量等于平衡量呢？他觉得完全有可能。当他把自己的想法说出来时，立即得到了领导和工程技术人员的支持，并决定马上做几个和连杆、活塞重量相等的平衡块进行试验。电动机开动了，无数只眼睛紧紧地盯住平衡机，人们看到红旗曲轴平平稳稳地转动着，几乎高兴得跳了起来。平衡重之谜终于揭开了！

微组织1：老师检查纠错，学生改正错误。微评价：☆☆☆☆☆

二、看一看：曲柄连杆机构的结构功能；找一找：曲轴上的平衡重

请查阅教材和观看相关视频，完成下列思考和行动。

1. 请结合下图所示，说明曲柄连杆机构功用，思考平衡重的作用。

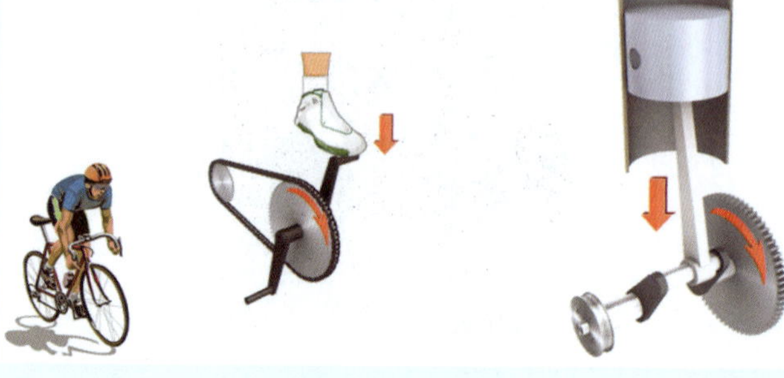

曲柄连杆机构功用

微组织2：老师检查纠错，学生改正错误。微评价：☆☆☆☆☆

2. 请结合下图所示，在横线上用铅笔认真写出曲柄连杆机构组成部分名称。

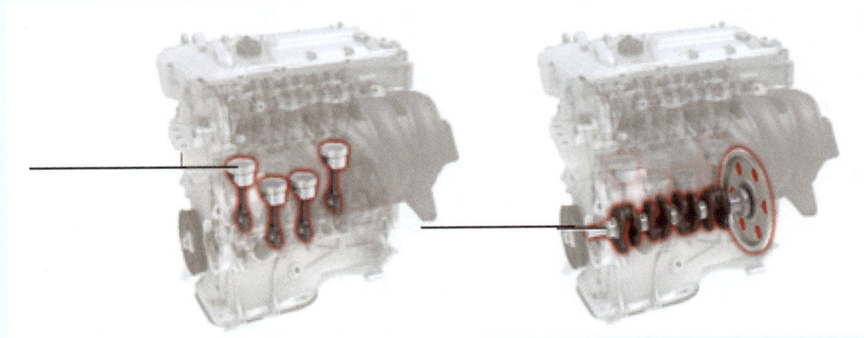

曲柄连杆机构组成

微组织 3：老师检查纠错，学生改正错误。微评价：☆☆☆☆☆

三、安全教育与防护要求

请按安全与防护要求做好防护准备，并进行互检。若已完成，请用铅笔在方框内打“√”。

☐ 工作服穿戴要“四紧”；

☐ 严禁佩戴手表等金属首饰；

☐ 严禁摆弄与本次任务无关的设备和工具；

☐ 严禁嬉戏打闹。

微组织 4：老师检查纠错，学生改正错误。微评价：☆☆☆☆☆

项目实施

任务一　检修活塞连杆组

步骤一　作业准备

请详细复述作业准备项目与内容，对照表 2-1-1 核准检查。若已准备好，请用铅笔在相应项目内容后的方框内画上“√”；若有遗漏，请补充后再画上“√”。

表 2-1-1　活塞连杆组检修作业准备检查表

项目	内容
作业场地	带有消防设施的作业场地 □
设备设施	1ZR-FE 发动机台架 □ 工具车 □ 零件车 □ 吹气枪 □ 垃圾桶 □
工量辅具	套筒扳手组合套具 □ 预置力式扭力扳手 □ 外径千分尺及支架 □ 塑料锤 □ 铰刀 □ 机油壶 □ 活塞环扩张器 □ 活塞环压缩器 □ 曲轴旋转套筒 □ 卡簧钳 □ 游标卡尺 □ 指针式扭力扳手 □ 测径规 □ 百分表及磁性表座 □ 塞尺 □
耗材	清洁布 □ 泡沫清洁剂 □ 发动机机油 □ 红色油漆 □ 着色渗透探伤剂（清洁剂 / 去除剂、渗透剂、显像剂）□ 塑料间隙规 □

微组织 1：老师检查纠错，学生改正错误。微评价：☆☆☆☆☆

步骤二　拆卸活塞连杆组

1. 请仔细观看老师示范，结合老师讲解、查阅教材和观看相关视频，将拆卸计划用铅笔认真填写在表 2-1-2 中。

表 2-1-2　活塞连杆组拆卸计划

工序	内容	工量辅具
1		
2		
3		
4		
5		
6		
7		
8		
9		
10		

微组织 2：老师检查纠错，学生改正错误。微评价：☆☆☆☆☆

2. 请根据拆卸计划实施拆卸，详细总结操作过程中出现的问题，试着分析产生的原因，并归纳出关键词，用铅笔认真填写在图 2-1-1 中。

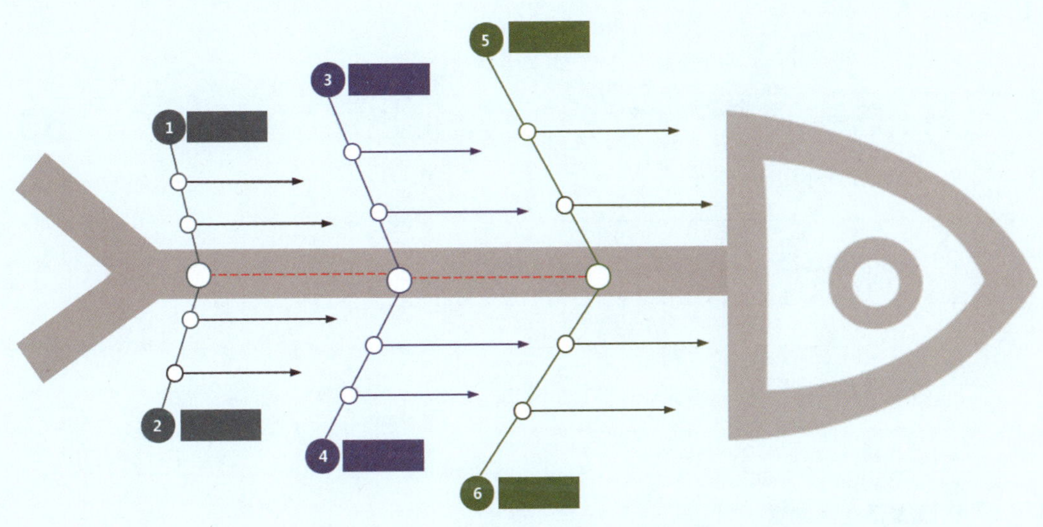

图 2-1-1　操作过程中出现的问题与原因

微组织 3：老师检查纠错，学生改正错误。微评价：☆☆☆☆☆

3. 请结合拆卸过程中认识的活塞连杆组零部件，查阅教材和观看相关视频，在图 2-1-2 下面的横线上用铅笔认真写出活塞连杆组组成部分名称并陈述其功用。

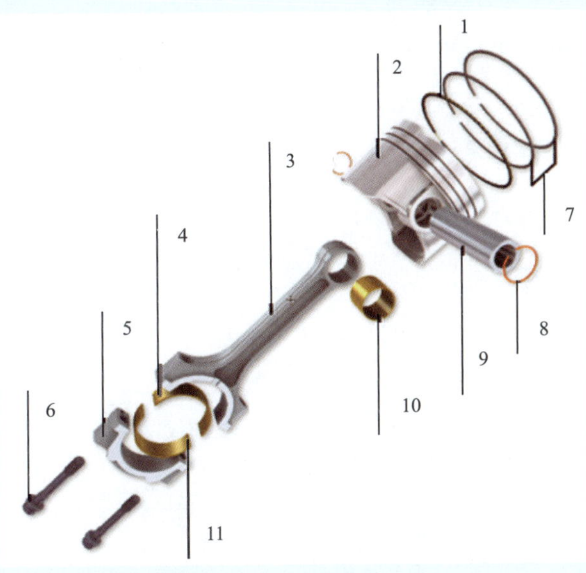

图 2-1-2　活塞连杆组组成

1.________________ 2.________________ 3.________________ 4.________________

5.________________ 6.________________ 7.________________ 8.________________

9.________________ 10.________________ 11.________________

微组织 4：老师检查纠错，学生改正错误。微评价：☆☆☆☆☆

步骤三　检修活塞连杆组

1. 请仔细观看老师示范，结合老师讲解、查阅教材和观看相关视频，将检修计划用铅笔认真填写在表 2-1-3 中。

表 2-1-3　活塞连杆组检修计划

序号	项目	工序	内容	工量辅具
1	检查活塞外观	1		
		2		
2	检查活塞磨损	1		
		2		
3	测量活塞环端隙	1		
		2		
		3		
		4		
4	测量活塞环侧隙	1		
		2		
5	检查连杆外观	1		
		2		
6	检测连杆弯扭变形	1		
		2		
		3		
7	检查连杆轴承	1		
		2		
8	检测连杆轴承盖紧固螺栓	1		
		2		
		3		
9	检测连杆轴承轴向间隙	1		
		2		
		3		
10	检测连杆轴承油膜间隙	1		
		2		
		3		
11	检测活塞销与活塞销孔配合间隙	1		
		2		
		3		
		4		
		5		
		6		
		7		

微组织 5：老师检查纠错，学生改正错误。微评价：☆☆☆☆☆

2. 请按照检修计划进行检修，并用铅笔认真填写活塞连杆组检修记录表 2-1-4。

表 2-1-4　活塞连杆组检修记录

<table>
<tr><th>序号</th><th>项目</th><th>技术标准和要求</th><th>检测结果</th><th>判定结果</th></tr>
<tr><td>1</td><td>检查活塞外观</td><td></td><td></td><td>继续使用 □ 更换 □</td></tr>
<tr><td>2</td><td>检查活塞磨损</td><td></td><td></td><td>继续使用 □ 更换 □</td></tr>
<tr><td>3</td><td>测量活塞环端隙</td><td></td><td></td><td>继续使用 □ 更换 □</td></tr>
<tr><td>4</td><td>测量活塞环侧隙</td><td></td><td></td><td>继续使用 □ 更换 □</td></tr>
<tr><td>5</td><td>检查连杆外观</td><td></td><td></td><td>继续使用 □ 更换 □</td></tr>
<tr><td rowspan="2">6</td><td rowspan="2">检测连杆弯扭变形</td><td></td><td></td><td rowspan="2">继续使用 □ 更换 □</td></tr>
<tr><td></td><td></td></tr>
<tr><td>7</td><td>检查连杆轴承</td><td></td><td></td><td>继续使用 □ 更换 □</td></tr>
<tr><td rowspan="3">8</td><td rowspan="3">检测连杆轴承盖紧固螺栓</td><td></td><td></td><td rowspan="3">继续使用 □ 更换 □</td></tr>
<tr><td></td><td></td></tr>
<tr><td></td><td></td></tr>
<tr><td>9</td><td>检测连杆轴承轴向间隙</td><td></td><td></td><td>继续使用 □ 更换 □</td></tr>
<tr><td>10</td><td>检测连杆轴承油膜间隙</td><td></td><td></td><td>继续使用 □ 更换 □</td></tr>
<tr><td rowspan="4">11</td><td rowspan="4">检测活塞销与活塞销孔配合间隙</td><td></td><td></td><td rowspan="4">继续使用 □ 更换 □</td></tr>
<tr><td></td><td></td></tr>
<tr><td></td><td></td></tr>
<tr><td></td><td></td></tr>
</table>

微组织 6：老师检查纠错，学生改正错误。微评价：☆☆☆☆☆

3. 请结合检修过程中对活塞损伤的认识，根据图示并查阅教材和相关资料，总结活塞常见损伤形式，用铅笔认真填写在图 2-1-3 中横线上，并试着简要分析产生的原因，用铅笔认真填写在圆圈内。

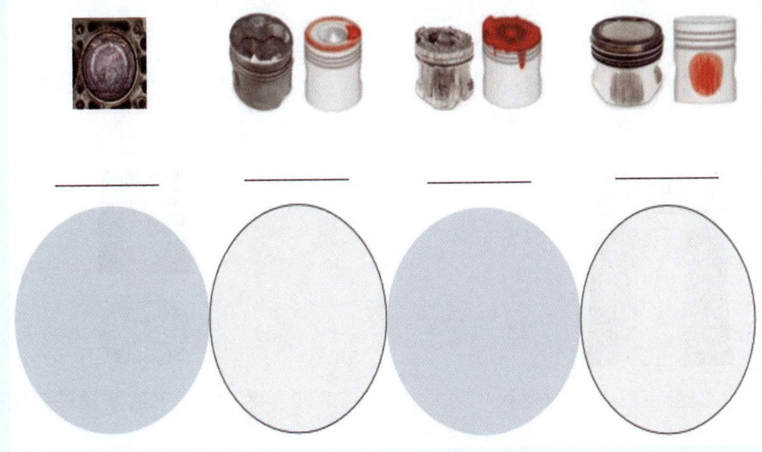

图 2-1-3　活塞常见损伤形式及原因

微组织 7：老师检查纠错，学生改正错误。微评价：☆☆☆☆☆

4. 请查阅教材和观看视频，结合拆检过程对活塞的认识，回答下列问题。

（1）在图 2-1-4 下面的横线上用铅笔认真写出活塞结构名称。

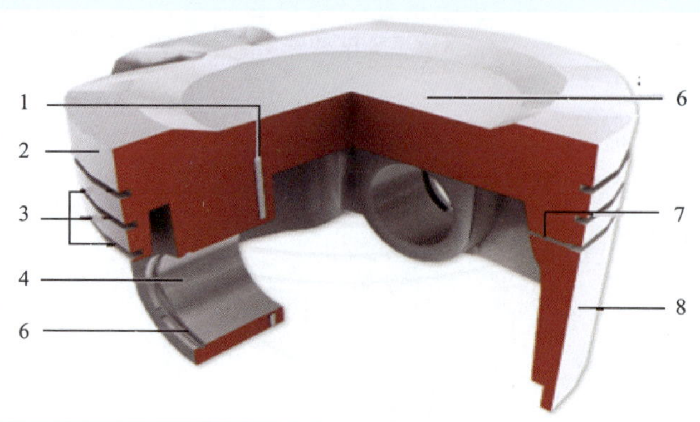

图 2-1-4　活塞结构

1.________ 2.________ 3.________ 4.________

5.________ 6.________ 7.________ 8.________

微组织 8：老师检查纠错，学生改正错误。微评价：☆☆☆☆☆

（2）结合图 2-1-5 所示，在方框内用铅笔认真写出活塞功用。

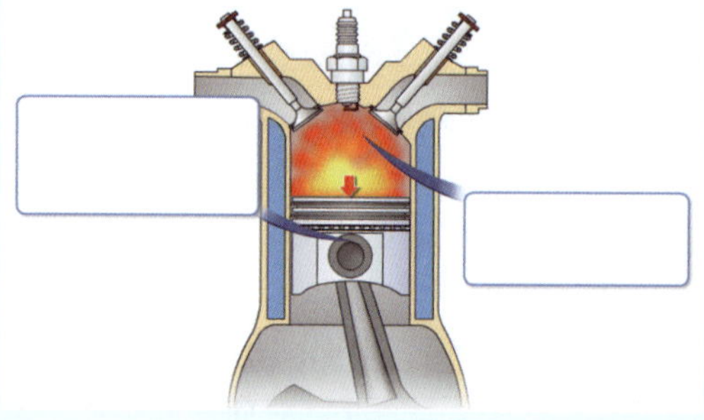

图 2-1-5　活塞功用

微组织 9：老师检查纠错，学生改正错误。微评价：☆☆☆☆☆

5. 请根据图 2-1-6 和图 2-1-7 所示，在下面的横线上用铅笔认真写出活塞裙部常温下形状和截面形状，并说明为什么会是这样的形状？

图 2-1-6　常温下活塞裙部形状

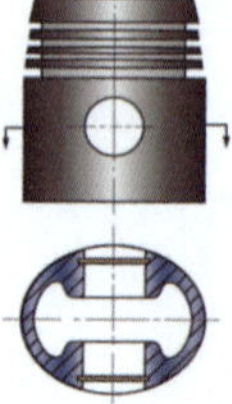

图 2-1-7　常温下活塞裙部截面形状

________　________

微组织 10：老师检查纠错，学生改正错误。微评价：☆☆☆☆☆

6. 请结合拆卸过程中对活塞的认识，查阅教材及相关资料，结合表 2-1-5，回答下列问题。

（1）说出 2014 款卡罗拉 1.6 L GL-i 轿车 1ZR-FE 发动机活塞顶部是什么形状？

（2）比较活塞顶部不同形状的特点，用铅笔认真填写在表 2-1-5 中，并说明其应用。

表 2-1-5　活塞顶部不同形状的特点

不同形状	平顶	凹顶	凸顶
图示			
优点			

微组织 11：老师检查纠错，学生改正错误。微评价：☆☆☆☆☆

7. 请查阅教材和相关资料，结合图 2-1-8 说明活塞环的功用，并在图中的方框内用铅笔认真填写关键词。

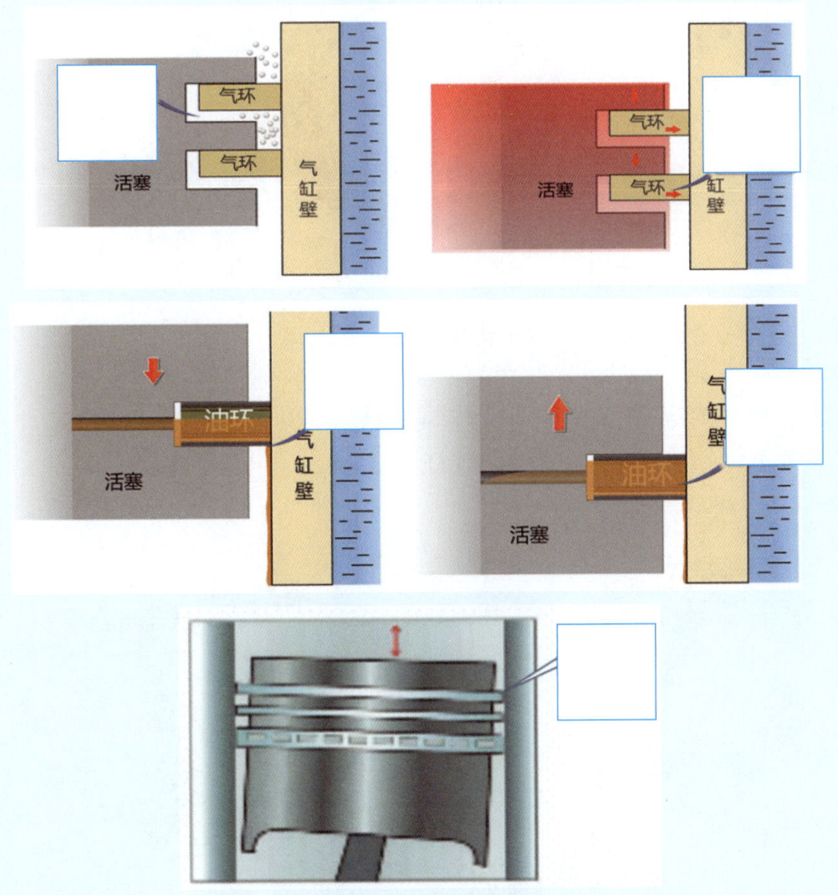

图 2-1-8　活塞环的功用

微组织 12：老师检查纠错，学生改正错误。微评价：☆☆☆☆☆

8. 请结合检测活塞环三隙的认识，在图 2-1-9 右侧认真填写活塞环三隙名称。

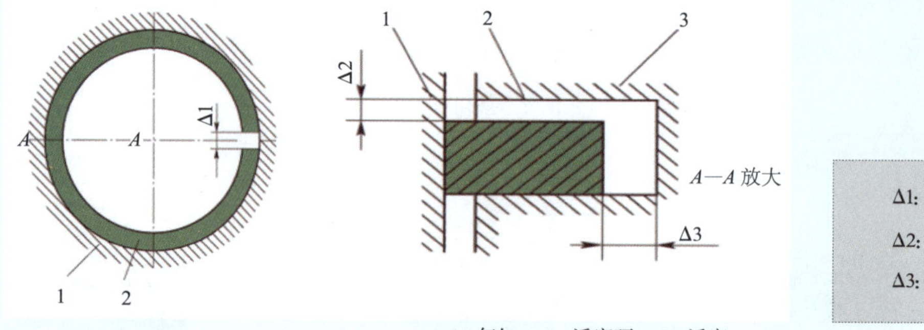

Δ1:

Δ2:

Δ3:

1 - 气缸 ；2 - 活塞环 ；3 - 活塞

图 2-1-9　活塞环三隙

微组织 13：老师检查纠错，学生改正错误。微评价：☆☆☆☆☆

9. 请结合检修过程中对连杆损伤的认识，查阅教材和相关资料，总结连杆常见损伤形式，用铅笔认真填写在图 2-1-10 中小圆圈上，并试着简要分析产生的原因填写在大圆圈内。

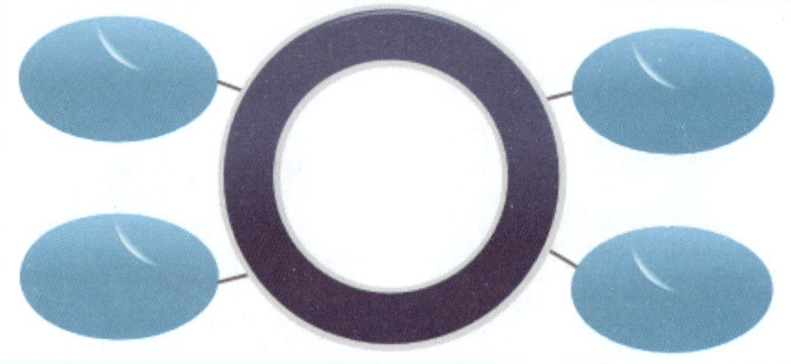

图 2-1-10　连杆常见损伤形式及原因

微组织 14：老师检查纠错，学生改正错误。微评价：☆☆☆☆☆

10. 请查阅教材和观看视频，结合拆检过程对连杆的认识，回答下列问题。

（1）结合图 2-1-11 所示，在方框内写出连杆功用。

图 2-1-11　连杆功用

微组织 15：老师检查纠错，学生改正错误。微评价：☆☆☆☆☆

（2）在图 2-1-12 下面的横线上用铅笔认真写出连杆结构名称。

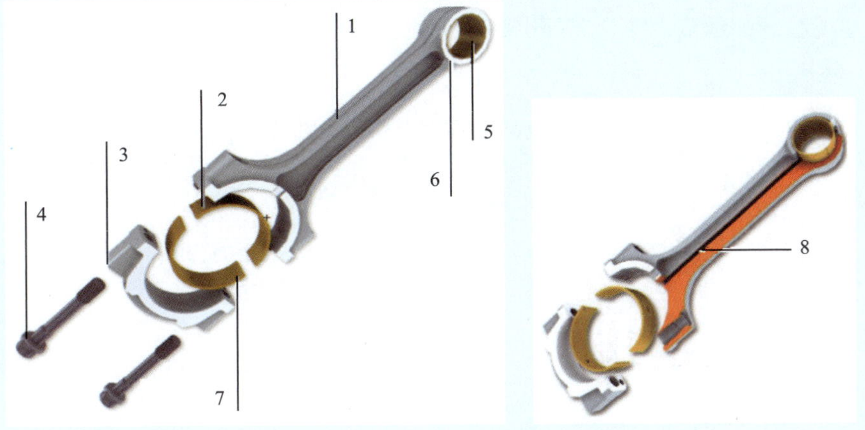

图 2-1-12　连杆结构

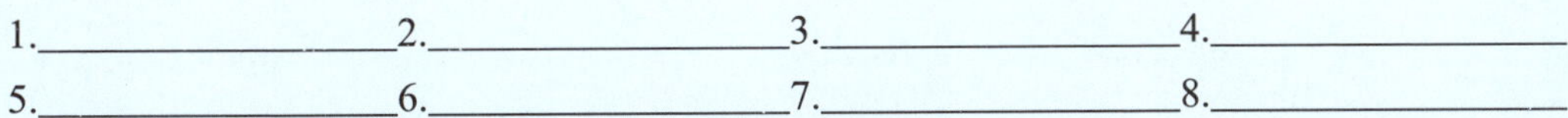
1.________ 2.________ 3.________ 4.________
5.________ 6.________ 7.________ 8.________

微组织 16：老师检查纠错，学生改正错误。微评价：☆☆☆☆☆

11. 请结合检修过程中对连杆轴承损伤的认识，查阅教材和相关资料，总结连杆轴承常见损伤形式，将关键词用铅笔认真填写在图 2-1-13 中小方块内，并试着简要分析产生的原因填写在大方块内。

图 2-1-13　连杆轴承常见损伤及原因

微组织 17：老师检查纠错，学生改正错误。微评价：☆☆☆☆☆

12. 请根据活塞销工况，结合检修过程中对活塞销的认识，查阅教材和相关资料，总结其常见损伤形式，将关键词用铅笔认真填写在图 2-1-14 中小方块内，并试着简要分析产生的原因填写在大方块内。

图 2-1-14　活塞销常见损伤及原因

微组织 18：老师检查纠错，学生改正错误。微评价：☆☆☆☆☆

步骤四　安装活塞连杆组

1. 请仔细观看老师示范，结合老师讲解、查阅教材和观看相关视频，将安装计划用铅笔认真填写在表 2-1-6 中。

表 2-1-6　活塞连杆组安装计划

工序	内容	工量辅具
1		
2		
3		
4		
5		
6		
7		
8		
9		
10		
11		
12		
13		

微组织 19：老师检查纠错，学生改正错误。微评价：☆☆☆☆☆

2. 请查阅教材和维修手册，完善表 2-1-7。

表 2-1-7　活塞连杆组安装技术标准

项目	标准
紧固连杆盖固定螺栓扭矩	

微组织 20：老师检查纠错，学生改正错误。微评价：☆☆☆☆☆

3. 请根据安装计划实施安装，总结活塞连杆组在安装过程中应注意的问题，并用铅笔认真写在下面方格中。

微组织 21：老师检查纠错，学生改正错误。微评价：☆☆☆☆☆

案例

案例一：连杆螺栓断裂捣缸

某车发动机大修时，更换了连杆、活塞。刚投入运行不久，突然出现第三缸的活塞、连杆和固定螺栓发生断裂。其中两根固定螺栓一根散失，一根严重弯曲变形；连杆大头端和连杆盖均发生断裂，并有一块散落。此事故造成了“捣缸”。

所谓捣缸，是指发动机发生机械事故时，缸体被连杆、活塞、平衡块等零部件捣毁，出现破损、破洞现象。

通常发生捣缸的原因如下：

1. 活塞连杆组失去控制，在离心力的作用下，甩在缸体上，将缸体捣烂。造成活塞连杆组失去控制的原因有：

（1）紧固连杆螺栓扭矩不规范。扭矩过大时，螺栓拉伸变形，因强度降低而折断；扭矩过小时，轴瓦安装不到位，连杆螺栓产生很大的附加应力，并受冲击载荷而折断，由此连杆大端与曲轴轴颈的连接脱开。

（2）连杆材质不良。连杆材质通常为调质钢，其化学成分应符合标准要求，若不符合标准要求，就可能得不到想要的基体组织和机械性能而影响使用寿命。

（3）连杆基体组织不正常。连杆的显微组织应为均匀细小的索氏体组织，若出现铁素体，则只允许它以细粒状形态存在。若出现条状趋向于网状分布的铁素体，会降低调质钢的综合力学性能，严重影响疲劳寿命。

（4）连杆制造质量低劣。连杆杆身油道加工偏斜，使油道在连杆小端孔处形成台阶，造成应力集中而使连杆折断。

（5）活塞销加工产生微小裂纹，引起应力集中，工作时活塞销承受较大的交变冲击载荷而引起疲劳折断；活塞销与铜套间隙过大或漏装了活塞销孔卡环，工作中活塞销就会窜出，将活塞或连杆拉断；活塞销孔中心线同活塞纵向轴线的垂直度不符合标准，工作时活塞销因承受一个弯曲力矩而过早折断。

2. 若气门杆折断，气门弹簧折断，气门锁片磨损后脱落，都会使气门掉入气缸中引起捣缸。

本事故通过对连杆盖断口宏观形貌和周围基体组织分析、连杆化学成分和基体组织分析、连杆螺栓螺母台阶着色探伤分析，从而推断：可能由于螺栓松动，使连杆与连杆盖之间松动，在运行中不断受到冲击，尤其是在螺孔平台转角处承受更大的附加力矩冲击，在刀痕处产生多处疲劳裂纹源，并不断扩展，最终发生瞬间断裂捣缸。连杆基体中的网状铁素体，加速了裂纹萌发及扩展。

案例二：发动机捣缸事故的原因分析

某车发生事故，呈顶部着地、车底朝上状态。拆卸发动机，从发动机下部能够看到第一缸左右两侧均出现撞击损伤，左侧的损伤呈纵向积压摩擦状损伤，右侧损伤痕迹呈破碎状，带有明显的撞击性损伤，如图 2-1-15 所示。

正常状态下，连杆上下运动时与气缸壁存在一定的纵向间隙，不会发生碰撞。而当连杆弯曲后，第一缸曲轴位于上止点时，连杆大端相对于正常状态发生了偏转，呈左侧低右侧高的状态，如

图 2-1-16 所示，故造成连杆大端右侧凸起部位与气缸壁下沿发生碰撞。将曲轴、连杆、活塞一并装回发动机缸体上，人工转动曲轴比对，碰撞痕迹、位置均相符。

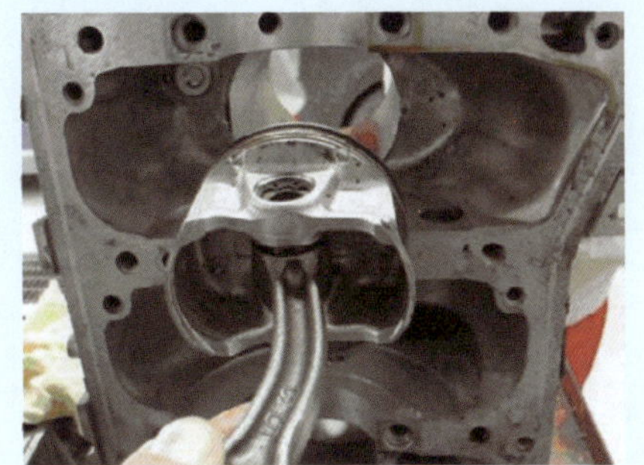
图 2-1-15　第一缸左右两侧均出现撞击损伤

图 2-1-16　连杆弯曲后左右两侧呈现偏斜

任务二　检修曲轴飞轮组

步骤一　作业准备

请详细复述作业准备项目与内容，对照表 2-2-1 核准检查。若已准备好，请用铅笔在相应项目内容后的方框内画上“√”；若有遗漏，请补充后再画上“√”。

表 2-2-1　曲轴飞轮组检修作业准备检查表

项目	内容
作业场地	带有消防设施的作业场地 □
设备设施	1ZR-FE 发动机台架 □ 工具车 □ 零件车 □ 吹气枪 □ 垃圾桶 □
工量辅具	套筒扳手组合套具 □ 曲轴带轮固定工具 □ 结合法兰固定工具 □ 拉拔器 □ 指针式扭力扳手 □ V 形架 □ 刀口尺 □ 塞尺 □ 外径千分尺及支架 □ 深度和高度游标卡尺 □ 曲轴旋转套筒 □ 一字螺丝刀 □ 机油壶 □ 预置力式扭力扳手 □ 百分表及磁性表座 □
耗材	清洁布 □ 泡沫清洁剂 □ 塑料测隙规 □

微组织 1：老师检查纠错，学生改正错误。微评价：☆☆☆☆☆

步骤二　拆卸曲轴飞轮组

1. 请仔细观看老师示范，结合老师讲解、查阅教材和观看相关视频，完成下列活动。

（1）将拆卸计划用铅笔认真填写在表 2-2-2 中。

表 2-2-2　曲轴飞轮组拆卸计划

工序	内容	工量辅具
1		
2		
3		
4		
5		
6		
7		
8		
9		
10		
11		
12		
13		

微组织 2：老师检查纠错，学生改正错误。微评价：☆☆☆☆☆

（2）用铅笔准确标注出图 2-2-1 曲轴和飞轮固定螺栓拆卸顺序（以阿拉伯数字表示）。

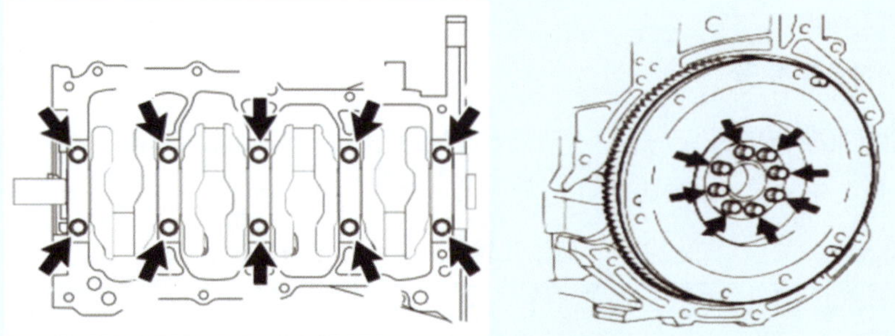

图 2-2-1　曲轴和飞轮固定螺栓

微组织 3：老师检查纠错，学生改正错误。微评价：☆☆☆☆☆

（3）结合图 2-2-2 所示，用铅笔认真写出拆卸曲轴的要求。

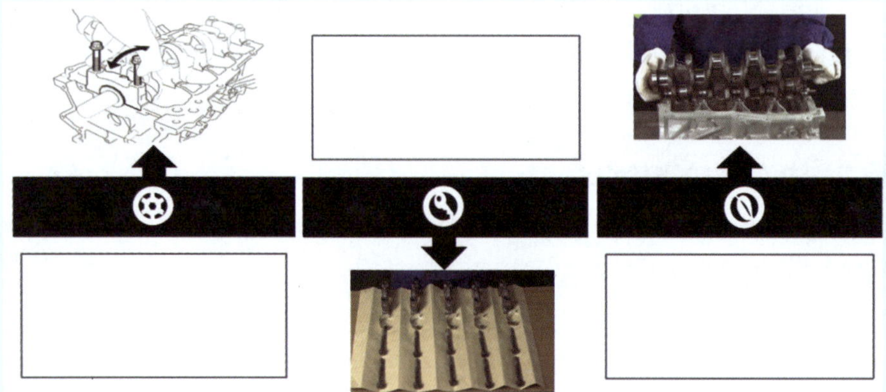

图 2-2-2　拆卸曲轴的要求

微组织 4：老师检查纠错，学生改正错误。微评价：☆☆☆☆☆

2. 请根据拆卸计划实施拆卸，详细总结操作过程中出现的问题，试着分析产生的原因，归纳出关键词，用铅笔认真填写在图 2-2-3 中。

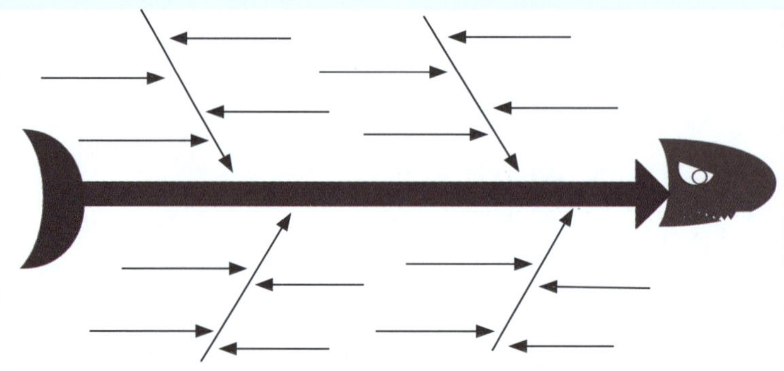

图 2-2-3　操作过程中出现的问题与原因

微组织 5：老师检查纠错，学生改正错误。微评价：☆☆☆☆☆

3. 请结合拆卸过程中认识的曲轴飞轮组零部件，查阅教材和观看相关视频，在图 2-2-4 下面的横线上用铅笔认真写出曲轴飞轮组重要组成部分名称并陈述其功用。

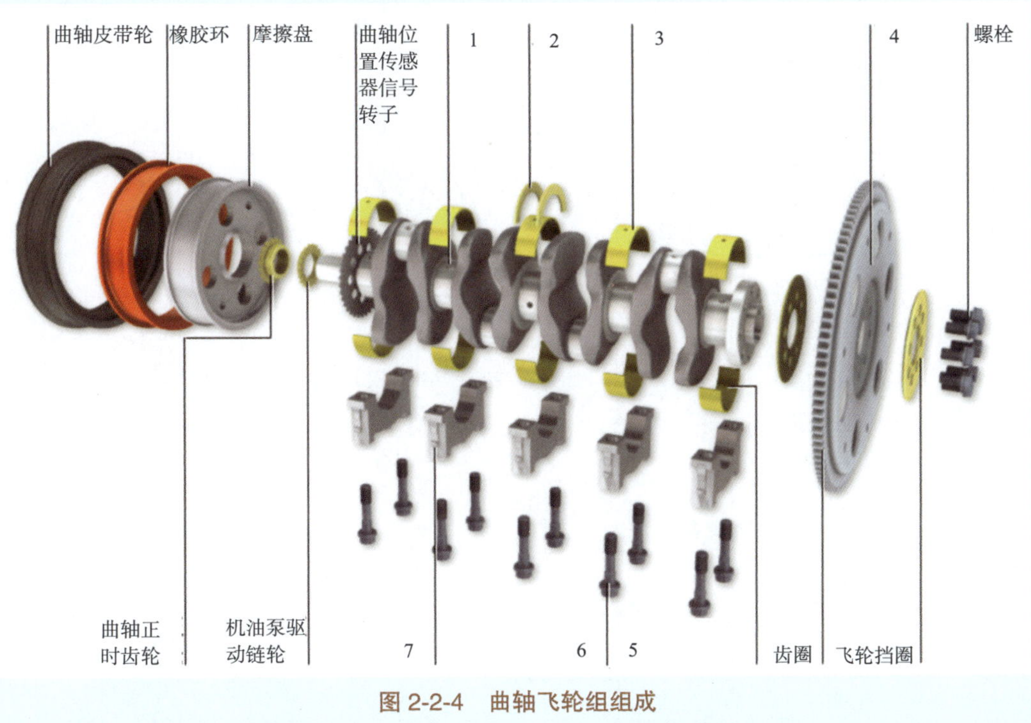

图 2-2-4　曲轴飞轮组组成

1.__________ 2.__________ 3.__________ 4.__________

5.__________ 6.__________ 7.__________

微组织 6：老师检查纠错，学生改正错误。微评价：☆☆☆☆☆

步骤三　检修曲轴飞轮组

1. 请仔细观看老师示范，结合老师讲解、查阅教材和观看相关视频，将检修计划用铅笔认真填写在表 2-2-3 中。

表 2-2-3　曲轴飞轮组检修计划

序号	项目	工序	内容	工量辅具
1	飞轮工作表面	1		
		2		
		3		
2	飞轮平面度	1		
		2		
		3		
3	飞轮齿圈	1		
		2		
		3		
		4		

续表

序号	项目	工序	内容	工量辅具
4	曲轴裂纹	1		
		2		
		3		
		4		
5	曲轴轴颈磨损	1		
		2		
		3		
		4		
6	曲轴弯曲变形	1		
		2		
		3		
		4		
7	曲轴扭曲变形	1		
		2		
		3		
		4		
8	曲轴轴向间隙	1		
		2		
		3		
		4		
9	曲轴轴承油膜间隙	1		
		2		
		3		
		4		
		5		

微组织 7：老师检查纠错，学生改正错误。微评价：☆☆☆☆☆

2. 请根据检修计划实施检修，并用铅笔认真填写曲轴飞轮组检修记录表 2-2-4。

表 2-2-4　曲轴飞轮组检修记录

序号	项目	技术标准和要求	检测结果	判定结果
1	飞轮工作表面			继续使用 □ 更换 □
2	飞轮平面度			继续使用 □ 更换 □
3	飞轮齿圈			继续使用 □ 更换 □
4	曲轴裂纹			继续使用 □ 更换 □
5	曲轴轴颈磨损			继续使用 □ 更换 □

续表

序号	项目	技术标准和要求	检测结果	判定结果
6	曲轴弯曲变形			继续使用 □ 更换 □
7	曲轴扭曲变形			继续使用 □ 更换 □
8	曲轴轴向间隙			继续使用 □ 更换 □
9	曲轴轴承油膜间隙			继续使用 □ 更换 □

微组织 8：老师检查纠错，学生改正错误。微评价：☆☆☆☆☆

3. 请结合检修过程，在图 2-2-5 中用铅笔认真写出检修曲轴飞轮组的要求。

图 2-2-5　检修曲轴飞轮组的要求

微组织 9：老师检查纠错，学生改正错误。微评价：☆☆☆☆☆

4. 请结合检修过程中对曲轴损伤的认识，查阅教材和相关资料，总结曲轴常见损伤形式，用铅笔认真填写在图 2-2-6 中六边形内，并试着简要分析产生的原因填写在正方形内。

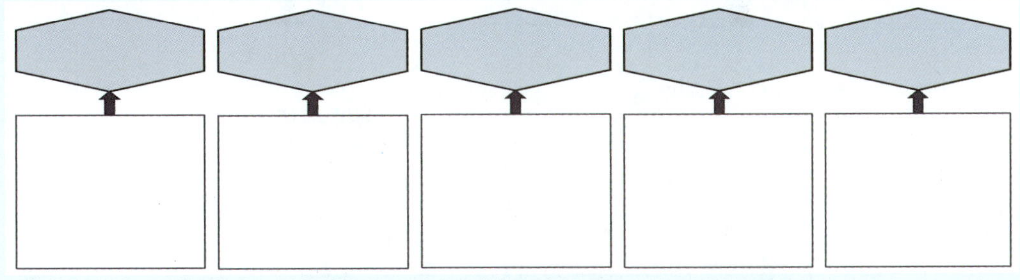

图 2-2-6　曲轴常见损伤形式及产生原因

微组织 10：老师检查纠错，学生改正错误。微评价：☆☆☆☆☆

5. 请查阅教材和观看视频，结合拆检过程对曲轴的认识，回答下列问题。

（1）在图 2-2-7 下面横线上用铅笔认真写出曲轴结构名称。

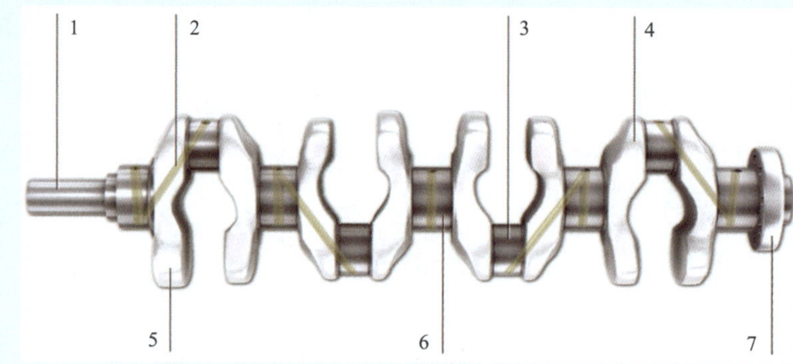

图 2-2-7 曲轴结构

1.________2.________3.________4.________

5.________6.________7.________

微组织 11：老师检查纠错，学生改正错误。微评价：☆☆☆☆☆

（2）还记得平衡重之谜的故事吧？大家对平衡重的作用思考过后有答案吗？请结合图 2-2-8 进行说明，并用铅笔认真写在图片上的空格处。

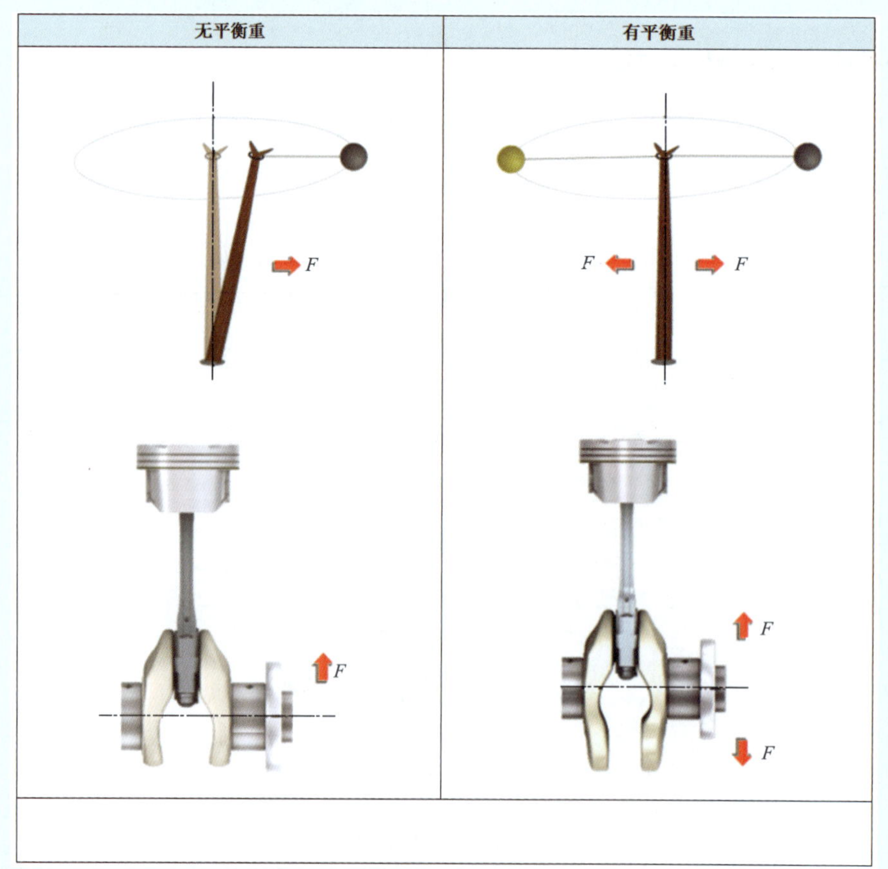

图 2-2-8 平衡重功用

微组织 12：老师检查纠错，学生改正错误。微评价：☆☆☆☆☆

（3）结合图 2-2-9 所示，说明曲轴功用。

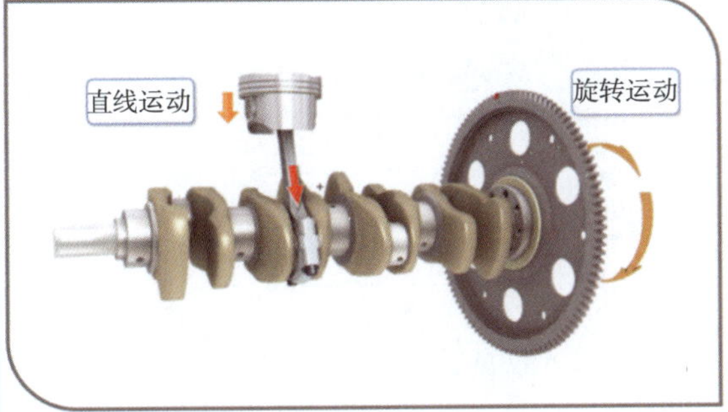

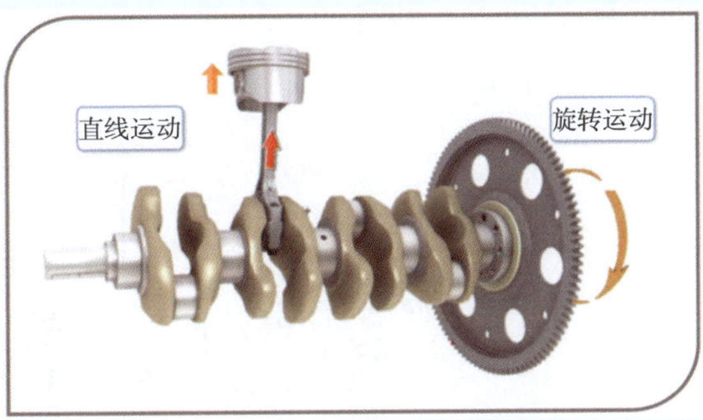

图 2-2-9　曲轴功用

微组织 13：老师检查纠错，学生改正错误。微评价：☆☆☆☆☆

（4）根据图 2-2-10 所示，指出 2014 款卡罗拉 1.6 L GL-i 轿车 1ZR-FE 发动机是哪一种曲轴？

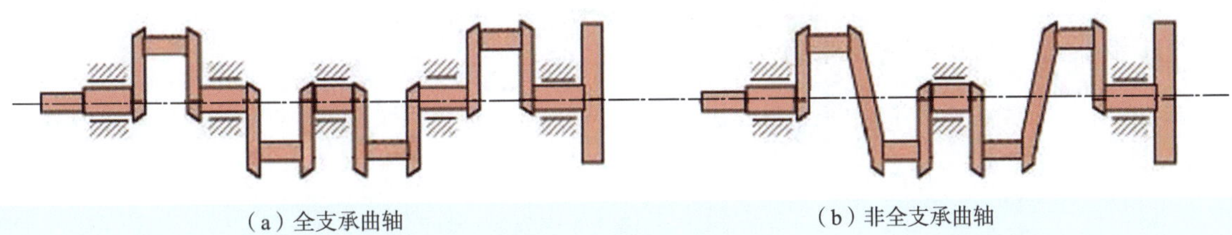

（a）全支承曲轴　　（b）非全支承曲轴

图 2-2-10　曲轴分类

微组织 14：老师检查纠错，学生改正错误。微评价：☆☆☆☆☆

6. 请结合检修过程中对飞轮损伤的认识，并请查阅教材和相关资料，总结飞轮常见损伤形式及产生的原因，用铅笔认真填写在图 2-2-11 中。

图 2-2-11　飞轮常见损伤形式及产生的原因

微组织 15：老师检查纠错，学生改正错误。微评价：☆☆☆☆☆

7. 请查阅教材和观看视频，结合拆检过程对飞轮的认识，在图 2-2-12 的右侧写出飞轮结构名称及飞轮功用。

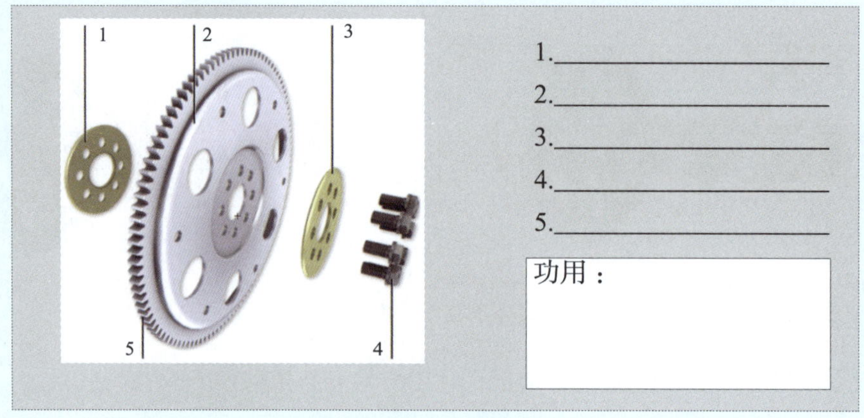

图 2-2-12　飞轮结构

微组织 16：老师检查纠错，学生改正错误。微评价：☆☆☆☆☆

步骤四　安装曲轴飞轮组

1. 请仔细观看老师示范，结合老师讲解、查阅教材和观看相关视频，将曲轴飞轮组安装计划用铅笔认真填写在表 2-2-5 中。

表 2-2-5　曲轴飞轮组安装计划

工序	内容	工量辅具
1		
2		
3		
4		
5		
6		
7		
8		
9		
10		
11		
12		
13		
14		

微组织 17：老师检查纠错，学生改正错误。微评价：☆☆☆☆☆

2. 请根据螺栓紧固原则，用铅笔准确标注出图 2-2-13 主轴承盖和图 2-2-14 飞轮固定螺栓紧固顺序（以阿拉伯数字表示）。

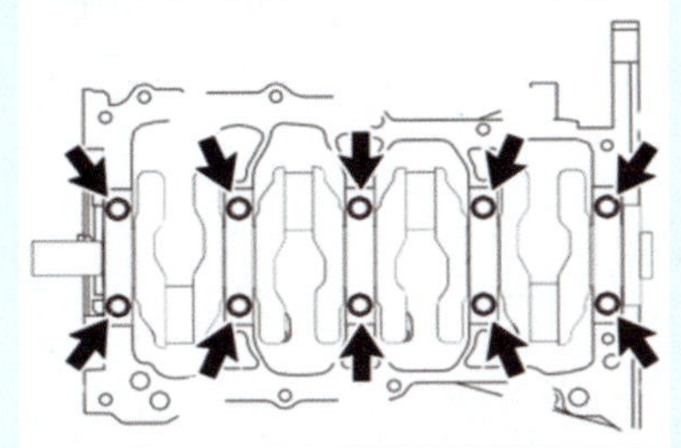

图 2-2-13 主轴承盖固定螺栓紧固顺序

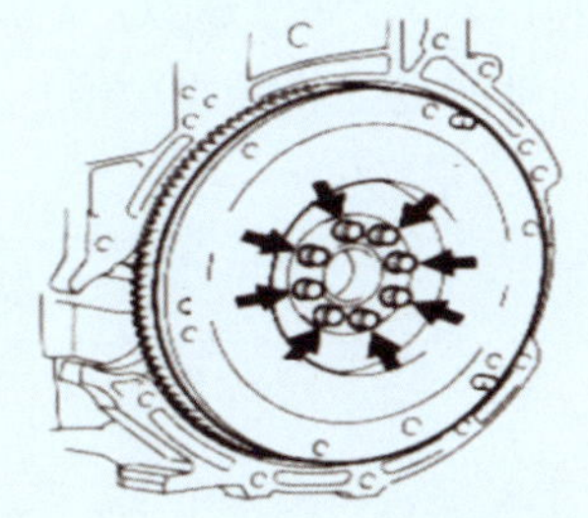

图 2-2-14 飞轮固定螺栓紧固顺序

微组织 18：老师检查纠错，学生改正错误。微评价：☆☆☆☆☆

3. 请查阅教材和维修手册，完善表 2-2-6。

表 2-2-6 曲轴和飞轮安装技术标准

项目	标准
紧固曲轴固定螺栓扭矩	
紧固飞轮固定螺栓扭矩	

微组织 19：老师检查纠错，学生改正错误。微评价：☆☆☆☆☆

4. 请根据安装计划实施安装，总结在安装曲轴的过程中应注意的问题，结合图 2-2-15 所示，用铅笔认真写出安装曲轴的要求。

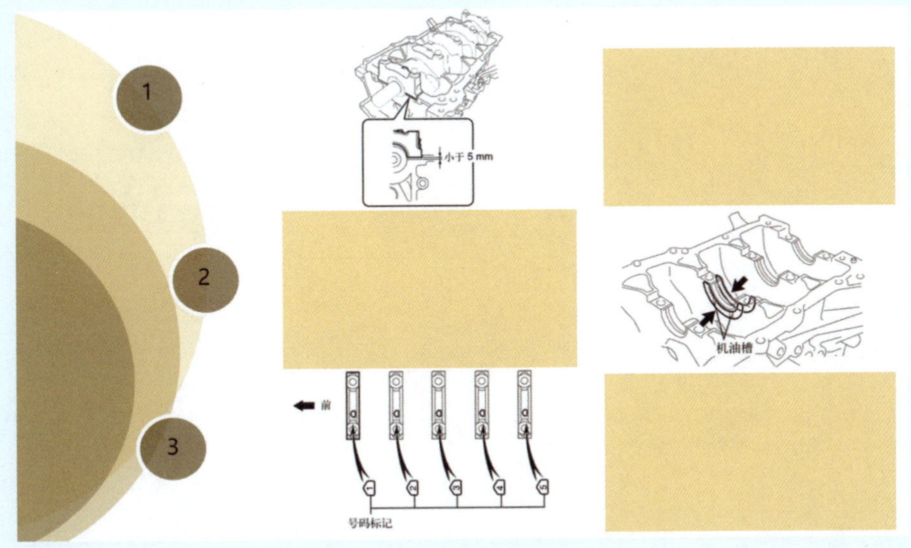

图 2-2-15 安装曲轴的要求

微组织 20：老师检查纠错，学生改正错误。微评价：☆☆☆☆☆

5. 请结合拆装过程中对曲轴轴向定位装置的认识和表 2-2-5 中的图示，查阅教材及相关资料，回答下列问题。

（1）指出 2014 款卡罗拉 1.6 L GL-i 轿车 1ZR-FE 发动机是表中哪一种形式的曲轴轴向定位装置?

（2）将曲轴轴向定位装置的功用、分类名称及不同类型的曲轴轴向定位装置的安装位置，用铅笔认真填写在表 2-2-7 中。

表 2-2-7　曲轴轴向定位装置

功用		
分类		
安装位置		

微组织 21：老师检查纠错，学生改正错误。微评价：☆☆☆☆☆

案例

案例一：飞轮引起的奇怪故障

一辆道奇北极神汽车，行驶里程为 18 万公里。在高速公路上行驶时，突然出现偶尔加油怠速不稳的现象；原地空负荷急加油，有时能听到排气管放炮，有时又能听到空滤处回火；总体感觉是大负荷时故障明显。除了以上故障现象外，还有一个特殊的现象：如果起动非常顺利，则加速怠速等工况均正常；如果起动非常困难，则加速怠速等工况也均不好。

在检查了点火系统、油路、汽车 ECU 没有结果的情况下，再次对曲轴和凸轮轴位置传感器进行检验发现，曲轴位置传感器的磁头上吸了一块铁屑。在做故障听诊时还有一个怪现象，那就是发动机后部有异响，类似轻微金属敲击声，而且出现敲击声时，发动机工作不稳，加速无力。

铁屑与敲击声均出现在发动机的后部，而且与故障现象相吻合，是不是飞轮损坏了呢？如果真是飞轮损坏，那么发动机控制单元同样会收到错误信号而不能发出正确指令，从而导致点火错乱，同时喷油器的控制也应该出现混乱，因为喷油控制信号也取决于曲轴位置传感器。用示波器检查，果然如此，喷油信号也伴随着点火信号而出现间断。

拆下变速器，出现非常奇怪的现象：飞轮本应该与曲轴固定在一体，而此车的飞轮却从固定螺钉的外圈切出一个相对于飞轮的同心圆。这就造成飞轮的外圆与内圆之间有一个相对运动，因而信号有时不准。又因为飞轮的内外圆之间的切痕咬合得非常紧密，再加上飞轮挡板的作用，所以有时飞轮的内外圆又会咬在一起，这就是故障现象时好时坏、负荷大时易出现故障的原因。

因为曲轴位置传感器不能正确感应曲轴真正位置和发动机转速，所以引起点火和喷油错乱。更换飞轮后，故障排除。

案例二：曲轴轴瓦维修中的错误做法

1. 用砂纸打磨轴承合金

缘起：配合间隙和接触面积达不到技术要求。

危害：砂纸上脱落的硬质砂粒会嵌入较软的轴承合金或衬套合金内，使轴承与轴颈或连杆衬套与活塞销之间产生剧烈的磨料磨损，导致早期拉伤或剥落，影响使用寿命，甚至酿成事故。

正确做法：用铰刀铰削，或用刮刀刮削。

2. 用彩粉或粉笔着色检查轴承的接触印痕

缘起：检查接触部位的印痕和面积。

危害：彩粉、粉笔中含有硬质颗粒，与磨料磨损极其相似；用粉笔着色很难涂匀，结果不准确，造成错误操作；使轴颈、轴承表面受到损伤。

正确做法：使用红丹等油质颜料。

3. 刮削高锡铝基合金轴承

缘起：配合间隙大。

危害：装配时不易看到贴合痕迹。

正确做法：装配轴承时，保证配合间隙在规定范围内（主轴承与轴颈的配合间隙控制在 0.08 ~ 0.10 mm，连杆轴承与轴颈的配合间隙在 0.05 ~ 0.06 mm），经过磨合就会达到要求，不必进行刮研。

4. 在轴承背面加垫调整配合间隙

缘起：曲轴轴颈与轴瓦磨损过大，配合间隙超限。

危害：破坏轴承的圆度、圆柱度及轴承与曲轴轴颈同轴度，加剧曲轴轴颈和轴承的磨损，甚至造成事故。

正确做法：特殊情况下，采用轴承背面加垫可作为一种临时性的急修措施，但使用中应注意：轴承背面加铜皮的厚度应以 0.05 mm 左右为宜；铜皮在轴承背面上垫好之后，要保证轴承两端面高出轴承座平面 0.02 ~ 0.03 mm，并将其紧紧地压在轴承座内，受力后轴承背面与轴承座能较好地贴在一起；加垫后，要注意轴承间隙不可过紧或过松；度过紧急情况后，应立即按照技术规范进行装配和修复，以消除隐患。

若轴瓦合金已烧熔、剥落、露底等，不能采取瓦背加垫的修理方法，必须更换，以免造成事故。

5. 只更换下片曲轴轴瓦

缘起：上片轴瓦磨损较小，下片轴瓦磨损较大。

危害：增大曲轴轴承的圆度及圆柱度误差，破坏与曲轴的同轴度，增加曲轴的旋转阻力，加剧曲轴轴颈和轴承的磨损。

正确做法：成对更换。

6. 在轴承盖单边随意加厚垫片

缘起：为了调整轴承配合间隙。

危害：破坏轴承的圆度、圆柱度及轴承与曲轴轴颈同轴度，加剧曲轴轴颈和轴承的磨损，甚至造成事故。

正确做法：当轴承配合间隙过小时，可在轴承盖两边同时加上同等厚度或相同数量的垫片；反之，可在轴承盖两边同时减去相同厚度或相同数量的垫片，直到符合要求为止。

7. 用修刮法校配成品轴瓦

缘起：为达到轴承接触面积要求。

危害：成品轴瓦的尺寸精度、形状公差、表面粗糙度等都由专业生产厂家严格控制，刮削后会破坏这些参数；成品轴瓦的合金层较薄，一般为 0.1 ~ 0.3 mm，采用修刮法进行校配会破坏合金层，影响维修质量，缩短使用寿命。

正确做法：测量并确定曲轴主轴颈和连杆轴颈的修理级别，然后选配相应修理级别的主轴瓦和连杆轴瓦。

8. 轴承螺栓宁愿紧也不能松

缘起：担心螺栓松动

危害：拧紧力过大，会使曲轴弯曲变形，轴承与轴颈配合间隙过小，甚至产生事故。

正确做法：使用力矩扳手分次、交叉、对称地按规定力矩拧紧。

任务三　检修气缸体

步骤一　作业准备

请详细复述作业准备项目与内容，对照表 2-3-1 核准检查。若已准备好，请用铅笔在相应项目内容后的方框内画上“√”；若有遗漏，请补充后再画上“√”。

表 2-3-1　气缸体检修作业准备检查表

项目	内容
作业场地	带有消防设施的作业场地 □
设备设施	1ZR-FE 发动机台架 □ 工具车 □ 零件车 □ 吹气枪 □ 垃圾桶 □
工量辅具	套筒扳手组合套具 □ 刀口尺 □ 塞尺 □ 游标卡尺 □ 外径千分尺及支架 □ 量缸表 □
耗材	着色渗透探伤剂（清洁剂 / 去除剂、渗透剂、显像剂）□ 清洁布 □ 泡沫清洁剂 □ 发动机机油 □ 红色油漆 □

微组织 1：老师检查纠错，学生改正错误。微评价：☆☆☆☆☆

步骤二　检修气缸体

1. 请仔细观看老师示范，结合老师讲解、查阅教材和观看相关视频，将检修计划用铅笔认真填写在表 2-3-2 中。

表 2-3-2　气缸体检修计划

序号	项目	工序	内容	工量辅具
1	气缸体裂纹	1		
		2		
		3		
2	气缸磨损	1		
		2		
		3		
		4		
		5		
		6		
		7		
		8		

微组织 2：老师检查纠错，学生改正错误。微评价：☆☆☆☆☆

2. 请实施检修并将检测及判定结果填写在表 2-3-3 中。

表 2-3-3　气门组与气缸盖检修记录

序号	项目	技术标准和要求	检测结果	判定结果
1	气缸裂纹			继续使用 □ 更换 □
2	气缸直径			继续使用 □ 更换 □

微组织 3：老师检查纠错，学生改正错误。微评价：☆☆☆☆☆

3. 请结合检修过程中对气缸体损伤的认识，查阅教材和相关资料，总结气缸体常见损伤形式并简要分析产生的原因，填写到图 2-3-1 中。

图 2-3-1　气缸体常见损伤形式及主要原因

微组织 4：老师检查纠错，学生改正错误。微评价：☆☆☆☆☆

4. 请结合检修过程中对气缸的认识（见表 2-3-4），查阅教材及相关资料，回答下列问题。

（1）指出 2014 款卡罗拉 1.6 L GL-i 轿车 1ZR-FE 发动机气缸是表 2-3-4 中所列三种排列形式中的哪一种？

（2）比较气缸三种排列形式的特点，用铅笔认真填写在表 2-3-4 中。

表 2-3-4　气缸排列形式的特点

排列形式	直列式	V 型	水平对置式
图示			
特点			

微组织 5：老师检查纠错，学生改正错误。微评价：☆☆☆☆☆

5. 请结合检修过程中对气缸损伤的认识，查阅教材和相关资料，总结气缸常见损伤形式并简要分析产生的原因，填写到图 2-3-2 中。

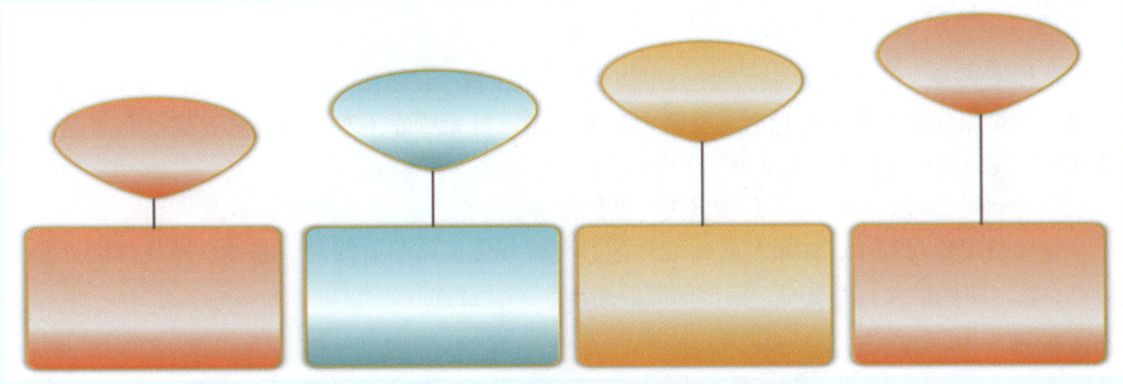

图 2-3-2　气缸常见损伤形式及主要原因

微组织 6：老师检查纠错，学生改正错误。微评价：☆☆☆☆☆

案例

案例一：维修发动机气缸体引发的变形

气缸体维修时，气缸体和气缸盖接合平面变形的原因有：

（1）在紧固气缸盖固定螺栓时，拧紧力矩不均匀、拧紧顺序不对、各气缸套支承台肩端面凸出高度不一致，使气缸体和气缸盖接合平面受力不均匀而产生变形。

（2）修理时，硬敲、乱打等野蛮拆装，使气缸体发生机械损伤而产生变形。

在发动机工作过程中，如果气缸体变形超过允许限度，将引起漏水、漏气，排气冒烟，发动机动力不足，油耗量大。严重时，漏出的高温高压气体会烧损气缸垫。

案例二：发动机粘缸与拉缸

1. 发动机粘缸

现象：活塞与气缸壁发生块状粘黏。

原因：机油没有了或者压力太小，到不了气缸，增大了活塞环和气缸壁之间的摩擦，导致发热，温度到了一定的值就会烧毁活塞环，损坏气缸壁，产生粘缸。

2. 发动机拉缸

现象：气缸内壁出现了明显的纵向机械划痕和刮伤

原因：机油严重亏欠，或者未及时更换，导致气缸、活塞磨损；长时间高速行驶或者怠速起步等，都会造成发动机在短时间内高速运转，内部温度升高，活塞和气缸壁之间很难形成一层油膜，活塞受热膨胀后，易卡死在气缸套，还有可能发生融化，导致气缸内部被拉坏；更换发动机内部零件，没有磨合好，就容易导致活塞环不能很好地匹配，易造成拉缸。

项目三　检修润滑系统

项目任务单

项目描述	完成2014款卡罗拉1.6 L GL-i轿车1ZR-FE发动机润滑系统检修作业
项目要求	符合2014款卡罗拉1.6 L GL-i轿车1ZR-FE发动机技术要求与标准，正确使用工具，完成如下检修作业： （1）检修油底壳； （2）检修机油泵
学习目标	（1）准确陈述润滑系统、油底壳、机油泵的组成（或结构）及功用； （2）准确陈述油底壳检修作业方法； （3）准确陈述机油泵检修作业方法； （4）规范地对油底壳进行检修作业； （5）规范地对机油泵进行检修作业； （6）养成自觉遵守技术标准和要求规定、规范操作、安全、环保、“5S”作业的好习惯； （7）体验安全劳动的重要性，养成安全劳动习惯； （8）认识到进步就是创新
项目载体	2014款卡罗拉1.6 L GL-i轿车1ZR-FE发动机润滑系统如下图 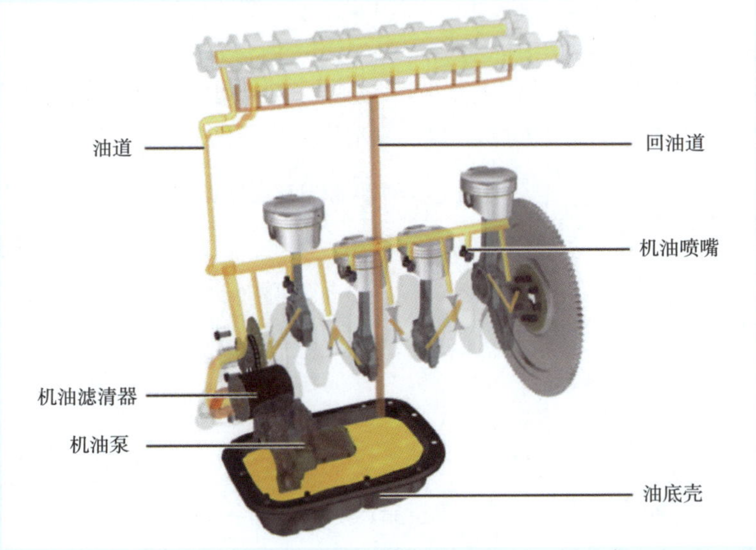
计划学时	12~16学时

<table>
<tr><td rowspan="2">工作页</td><td>上课地点</td><td></td><td>学生姓名</td><td></td><td>完成 / 未完成</td></tr>
<tr><td>任课教师</td><td></td><td>上课时间</td><td></td><td>优 / 良 / 中 / 及格</td></tr>
</table>

项目导入

一、讲一讲：中国车—中国心；比一比：CA4GB15TD 发动机性能领先多少

一提到汽车发动机技术，就感觉我们和国外发达国家相比有较大差距，有差距不假，但我们正在迎头赶上，一汽红旗超过半个世纪积淀的底蕴正在勃发，热效率高达 39.06% 的 CA4GB15TD 全新第三代发动机已经问世。

2020 年 9 月 4 日，来自“中国心”年度十佳发动机评选的专家评审团一行，在长春一汽红旗 NBD 总部基地，对一汽研发总院开发的 CA4GB15TD 全新第三代发动机的动力性、油耗指标及轻量化和静音等性能指标表示满意。

一汽红旗 CA4GB15TD 于 2015 年正式投入开发，作为一汽红旗开发的全新第三代发动机，CA4GB15TD 采用 11.5 超高压缩比米勒循环、可变换气技术、智能热管理、电控活塞冷却喷嘴、变排量机油泵等前沿技术，实现最低燃油消耗率低至 218.6 g/（kW · h），热效率高达 39.06%，目前是国内同排量机型中热效率最高的机型。该款发动机在低油耗的同时，可以达到 1.5 L 增压直喷发动机主流动力性 124 kW，258 N · m。1m 处噪声仅为 95 dB，达到国际领先水平。

一汽红旗已经连续三年参加“中国心”年度十佳发动机评选。在 2019 年“中国心”年度十佳发动机评选中，凭借优异的性能表现，红旗 HS5 2.0T、HS7 3.0T 两款发动机一举挺进当年十佳发动机名单。

经过多年的产品研发积累，一汽红旗发动机平台产品谱系已经非常完备，排量覆盖到 1.0~6.0 L。近年来，红旗动力总成支持红旗品牌不断进步。目前，企业短期发展目标是红旗动力 4.0 实现混合动力专用电机一体化，实现产品竞争力国内领先；远期发展目标是红旗动力 5.0 实现智能预测工况与综合节油，未来产品技术与国际同步。

请查阅相关资料，找三款同类其他厂家发动机，将其发动机性能指标用铅笔认真填写在下表中，比一比技术指标，看看 CA4GB15TD 发动机性能领先多少。

同类不同厂家发动机性能指标

序号	发动机厂家型号	发动机性能指标
1		
2		
3		
4		

微组织 1：老师检查纠错，学生改正错误。微评价：☆☆☆☆☆

二、看一看：润滑系统的结构功能；想一想：变排量机油泵与普通机油泵的区别

请查阅教材和观看相关视频，完成下列思考和行动。

1. 请在下面方格内用铅笔认真写出润滑系统的功用。

微组织 2：老师检查纠错，学生改正错误。微评价：☆☆☆☆☆

2. 请结合下图所示，在横线上用铅笔认真写出润滑系统组成部分名称，思考普通机油泵与变排量机油泵的区别。

润滑系统组成

微组织 3：老师检查纠错，学生改正错误。微评价：☆☆☆☆☆

三、安全教育与防护要求

请按安全与防护要求做好防护准备，并进行互检。若已完成，请用铅笔在方框内打“√”。

☐ 工作服穿戴要“四紧”；

☐ 严禁佩戴手表等金属首饰；

☐ 严禁摆弄与本次任务无关的设备和工具；

☐ 严禁嬉戏打闹。

微组织 4：老师检查纠错，学生改正错误。微评价：☆☆☆☆☆

项目实施

任务一　检修油底壳

步骤一　作业准备

请详细复述作业准备项目与内容，对照表 3-1-1 核准检查。若已准备好，请用铅笔在相应项目内容后的方框内画上“√”；若有遗漏，请补充后再画上“√”。

表 3-1-1　油底壳检修作业准备检查表

项目	内容
作业场地	带有消防设施的作业场地 □
设备设施	1ZR-FE 发动机台架 □ 工具车 □ 零件车 □ 吹气枪 □ 垃圾桶 □
工量辅具	套筒扳手组合套具 □ 油底壳密封刮刀 □ 预置力式扭力扳手 □ 铲刀 □
耗材	清洁布 □ 密封胶 □

微组织 1：老师检查纠错，学生改正错误。微评价：☆☆☆☆☆

步骤二　拆卸油底壳

1. 请仔细观看老师示范，结合老师讲解、查阅教材和观看相关视频，完成下列活动。

（1）将拆卸计划用铅笔认真填写在表 3-1-2 中。

表 3-1-2　油底壳拆卸计划

工序	内容	工量辅具
1		
2		
3		
4		
5		

微组织 2：老师检查纠错，学生改正错误。微评价：☆☆☆☆☆

（2）用铅笔准确标注出图 3-1-1 油底壳固定螺栓拆卸顺序（以阿拉伯数字表示）。

微组织 3：老师检查纠错，学生改正错误。微评价：☆☆☆☆☆

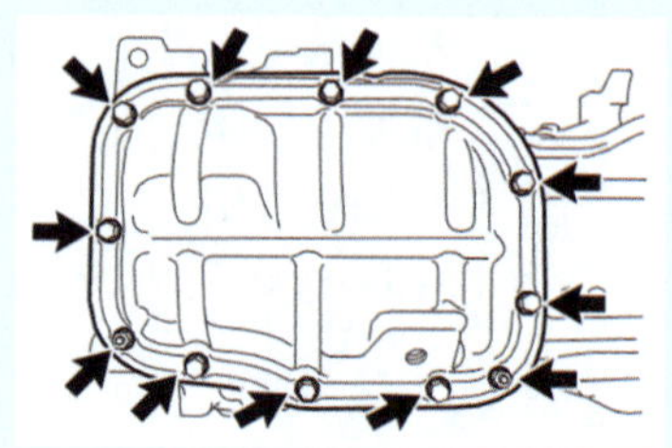

图 3-1-1　油底壳固定螺栓

（3）看图 3-1-2 所示，在右侧方框内用铅笔认真写出拆卸油底壳的要求。

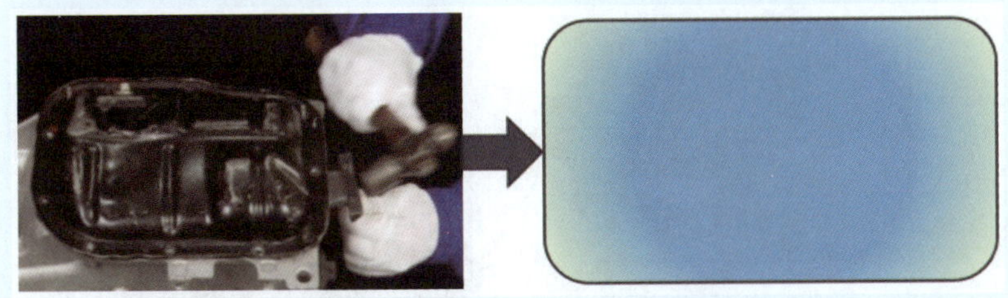

图 3-1-2　拆卸油底壳要求图示

微组织 4：老师检查纠错，学生改正错误。微评价：☆☆☆☆☆

2. 请根据拆卸计划实施拆卸，详细总结操作过程中出现的问题，试着分析产生的原因，归纳出关键词，用铅笔认真填写在图 3-1-3 中。

图 3-1-3　操作过程中出现的问题与原因

微组织 5：老师检查纠错，学生改正错误。微评价：☆☆☆☆☆

3. 请查阅教材和观看视频，结合拆卸过程对油底壳的认识，回答下列问题。

（1）在图 3-1-4 的横线上用铅笔认真写出油底壳结构名称。

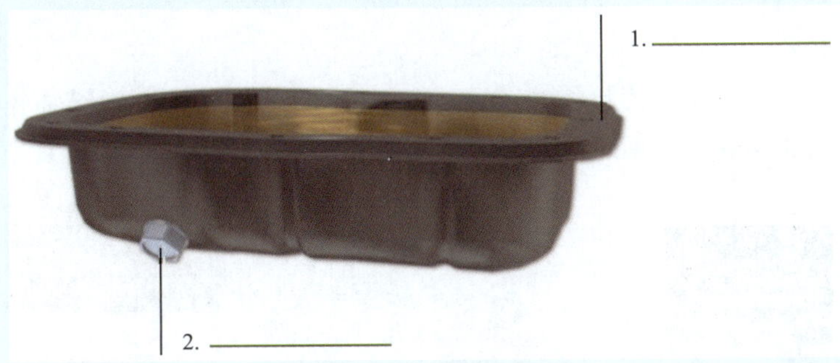

图 3-1-4　油底壳结构

微组织 6：老师检查纠错，学生改正错误。微评价：☆☆☆☆☆

（2）结合图 3-1-5 所示，在方框内用铅笔认真写出油底壳的功用。

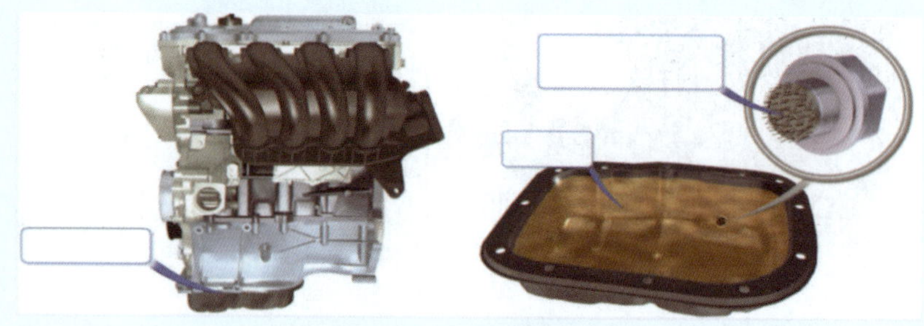

图 3-1-5　油底壳的功用

微组织 7：老师检查纠错，学生改正错误。微评价：☆☆☆☆☆

步骤三　检修油底壳

1. 请仔细观看老师示范，结合老师讲解、查阅教材和观看相关视频，将检修计划用铅笔认真填写在表 3-1-3 中。

表 3-1-3　油底壳检修计划

序号	项目	工序	内容	工量辅具
1	检查油底壳变形	1		
		2		
2	检查油底壳漏油	1		
		2		

微组织 8：老师检查纠错，学生改正错误。微评价：☆☆☆☆☆

2. 请按照检修计划进行检修，并用铅笔认真填写油底壳检修记录表 3-1-4。

表 3-1-4　油底壳检修记录

序号	项目	技术标准和要求	检测结果	判定结果
1	检查油底壳变形			继续使用 □ 更换 □
2	检查油底壳漏油			继续使用 □ 更换 □

微组织 9：老师检查纠错，学生改正错误。微评价：☆☆☆☆☆

3. 请结合检修过程中对油底壳损伤的认识，查阅教材和相关资料，总结油底壳常见损伤形式，用铅笔认真填写在图 3-1-6 中六边形内，并试着简要分析产生的原因，用铅笔认真填写在左侧和右侧。

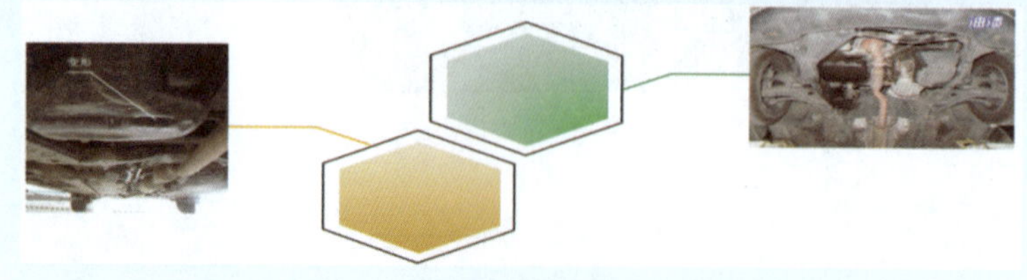

图 3-1-6　油底壳常见损伤形式及原因

微组织 10：老师检查纠错，学生改正错误。微评价：☆☆☆☆☆

步骤四　安装油底壳

1. 请仔细观看老师示范，结合老师讲解、查阅教材和观看相关视频，将安装计划用铅笔认真填写在表 3-1-5 中。

表 3-1-5　油底壳安装计划

工序	内容	工量辅具
1		
2		
3		
4		
5		
6		
7		
8		
9		
10		
11		
12		

微组织 11：老师检查纠错，学生改正错误。微评价：☆☆☆☆☆

2. 请根据螺栓紧固原则，用铅笔准确标注出图 3-1-7 油底壳固定螺栓紧固顺序（以阿拉伯数字表示）。

微组织 12：老师检查纠错，学生改正错误。微评价：☆☆☆☆☆

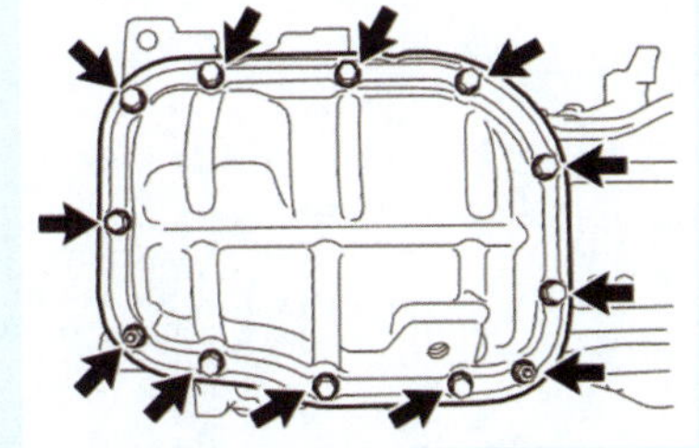

图 3–1–7　油底壳固定螺栓紧固顺序

3. 请查阅教材和维修手册，完善表 3-1-6。

表 3-1-6　油底壳安装技术标准

项目	标准
紧固油底壳固定螺栓扭矩	

微组织 13：老师检查纠错，学生改正错误。微评价：☆☆☆☆☆

4. 请根据安装计划实施安装，总结油底壳在安装过程中包括涂抹油底壳密封胶时应注意的问题，并用铅笔认真写在下面方格中。

微组织 14：老师检查纠错，学生改正错误。微评价：☆☆☆☆☆

案例

案例一：当油底壳凹进去会发生什么?

车主自述：从前段时间开始到现在三个多月，出现了如下故障：

（1）冷车起动的瞬间有类似敲打链条的声音；

（2）上坡时，踩加速踏板吃力，在特定的转速区间，有正时链条粗暴转动类似柴油机的声音，有点像顶缸的感觉；

（3）急加速时，转速上升经过 1 800~2 000 r/min，在没有降挡并且在高于 2 000 r/mim 的时候，有十分响亮的类似柴油机“哒哒哒”的声音。

车主通过查找资料了解到，同款车型的类似故障，都认为是 VVT 问题，更换 VVT 即可。当车主把车开到维修厂，举升机把车升起来后，看到油底壳有一个很大的凹槽，如图 3-1-8 所示。

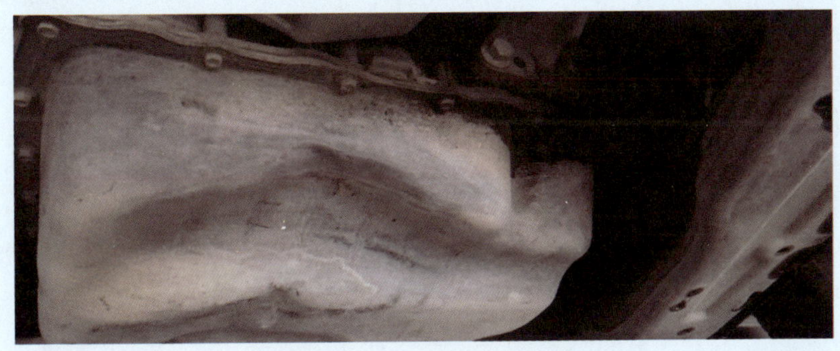

图 3-1-8　有凹槽的油底壳

发动机异响的原因终于找到了。油底壳凹陷的位置正好是机油泵吸油口的位置，影响机油泵出的油量；由于凹陷，机油加注量没有达到符合需求的容量。从而导致发动机润滑不够，曲轴轴瓦不能得到很好的润滑，导致高温膨胀产生异响，甚至抱死，造成严重事故，发动机大修。

案例二：千斤顶顶在油底壳上引发的故障

1. 故障现象

一辆大宇“赛手”，4 缸多点电控燃油喷射发动机，行驶近 9 万 km。用户反映 ，此车在两个月前曾经换过气门挺杆、凸轮轴等部件，修过之后此车在行驶中出现了有时异响的现象。

2. 故障诊断

（1）倾听

1 缸处响声比较明显，好像连杆轴瓦响。

（2）试车

在换挡和急加速过程中响声异常变大，已无法正常使用。

（3）常规检查

机油量合适。

（4）进一步检查

① 打开点火开关至“ON”位，机油报警灯点亮；起动发动机后，机油报警灯熄灭。

② 打开发动机气门室盖，发现气门室内机油偏少，有点上油不好的迹象，检查上油孔并未被

堵住。

③ 再次起动发动机，发现仍有部分机油从油孔中冒出。

④ 拆下凸轮轴，发现凸轮轴及气门挺杆已有磨损的痕迹，尤其是 1 缸最为严重。

至此，既找到了异响部位，也验证了倾听检查时的发现是正确的。

3. 故障分析

凸轮轴及气门挺杆磨损的原因如下：

一是配件本身质量问题。因为此凸轮轴和气门挺杆是两个月前新更换的。按常规分析，若配件有质量问题，也不应出现如此快的磨损。

二是机油压力不足，不能实现很好的润滑。经检测，机油压力确实远未达到规定要求。可是用户反映，此车在 8 万 km 左右时，因使用机油曾做过发动机大修。也就是说，此车大修后仅行驶了 1 万多 km，也不应该出现机油压力低的故障。

为了进一步查清机油压力低的原因，在征得用户同意的情况下，决定从油底壳处对发动机进行拆解。当拆解油底壳时，发现油底壳有一处很大的变形，向里凹进了一个大坑。

拆下油底壳后，发现机油集滤器与油底壳之间接近挨上，有间隙的地方也不过 1~2 mm，造成了泵油困难，机油压力低。

再次询问车主，什么时候发生过碰撞托底的事故。用户说没发生过，不过半年前更换过离合器片。

据此推测，一定是更换离合器片的修理工，在拆卸变速器时，用千斤顶支顶过发动机，从而造成发动机油底壳变形而不自知。

4. 维修

敲平油底壳，添加好机油后，起动发动机，机油压力恢复正常，重新更换气门挺杆和凸轮轴，此车至此再未出现过异响故障。

5. 结论

这是一起典型的操作不规范引发的故障。如果半年前给此车换离合器片的维修人员能正确操作，就不会将油底壳顶变形，造成润滑系统缺油。如果几个月前更换气门挺杆、凸轮轴等部件的修理人员能够细心一点，找到这些部位磨损的真正原因，也就不会再有这次故障的产生。

任务二　检修机油泵

步骤一　作业准备

请详细复述作业准备项目与内容，对照表 3-2-1 核准检查。若已准备好，请用铅笔在相应项目内容后的方框内画上“√”；若有遗漏，请补充后再画上“√”。

表 3-2-1　检修机油泵作业准备情况检查表

项目	内容
作业场地	带有消防设施的作业场地 □
设备设施	1ZR-FE 发动机台架 □ 工具车 □ 零件车 □ 吹气枪 □ 垃圾桶 □
工量辅具	套筒扳手组合套具 □ 刀口尺 □ 塞尺 □ 4 mm 杆 □ 指针式扭力扳手 □
耗材	清洁布 □ 机油 □

微组织 1：老师检查纠错，学生改正错误。微评价：☆☆☆☆☆

步骤二　拆卸机油泵

1. 请仔细观看老师示范，结合老师讲解、查阅教材和观看相关视频，将拆卸计划用铅笔认真填写在表 3-2-2 中。

表 3-2-2　机油泵拆卸计划

工序	内容	工量辅具
1		
2		
3		
4		
5		
6		
7		
8		
9		
10		
11		
12		
13		

微组织 2：老师检查纠错，学生改正错误。微评价：☆☆☆☆☆

2. 请根据拆卸计划实施拆卸，详细总结操作过程中出现的问题，试着分析产生的原因，归纳出关键词，用铅笔认真填写在图 3-2-1 中。

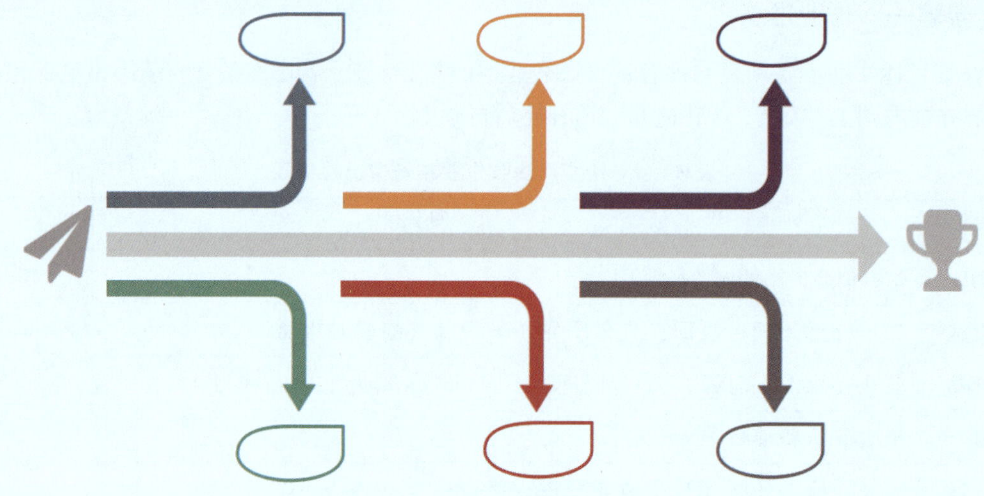

图 3-2-1　操作过程中出现的问题与原因

微组织 3：老师检查纠错，学生改正错误。微评价：☆☆☆☆☆

3. 请结合拆卸过程中对机油泵的认识和表 3-2-3 中的图示，查阅教材及相关资料，回答下列问题。

（1）指出 2014 款卡罗拉 1.6 L GL-i 轿车 1ZR-FE 发动机机油泵是表 3-2-3 中哪种类型？

（2）比较不同类型机油泵优劣，用铅笔认真填写在表 3-2-3 中。

表 3-2-3　机油泵的类型和特点

不同类型	齿轮式	转子式
图示		
优点		
缺点		

微组织 4：老师检查纠错，学生改正错误。微评价：☆☆☆☆☆

步骤三　检修机油泵

1. 请仔细观看老师示范，结合老师讲解、查阅教材和观看相关视频，将检修计划用铅笔认真填写在表 3-2-4 中。

表 3-2-4　机油泵检修计划

序号	项目	工序	内容	工量辅具
1	限压阀	1		
		2		
2	主动转子与从动转子顶部间隙	1		
		2		
3	主动转子与从动转子端面间隙	1		
		2		
4	从动转子与泵体间隙	1		
		2		

微组织 5：老师检查纠错，学生改正错误。微评价：☆☆☆☆☆

2. 请结合检修过程中对机油泵损伤的认识，查阅教材和相关资料，总结机油泵常见损伤形式，用铅笔认真填写在图 3-2-2 四色扇形中，并试着简要分析产生的原因填写在中间白色圆形内。

图 3-2-2　机油泵常见损伤形式及产生原因

微组织 6：老师检查纠错，学生改正错误。微评价：☆☆☆☆☆

3. 请根据检修计划实施检修，并用铅笔认真填写机油泵检修记录表 3-2-5。

表 3-2-5　机油泵检修记录

序号	项目	技术标准和要求	检测结果	判定结果
1	限压阀依靠自身重量滑入阀孔中			继续使用 □ 更换 □
2	主动转子与从动转子顶部间隙			继续使用 □ 更换 □
3	主动转子与从动转子端面间隙			继续使用 □ 更换 □
4	从动转子与泵体间隙			继续使用 □ 更换 □

微组织 7：老师检查纠错，学生改正错误。微评价：☆☆☆☆☆

4. 请查阅教材和观看视频，结合拆检过程对转子式机油泵的认识，回答下列问题。

（1）在图 3-2-3 右边横线上用铅笔认真写出转子式机油泵结构名称。

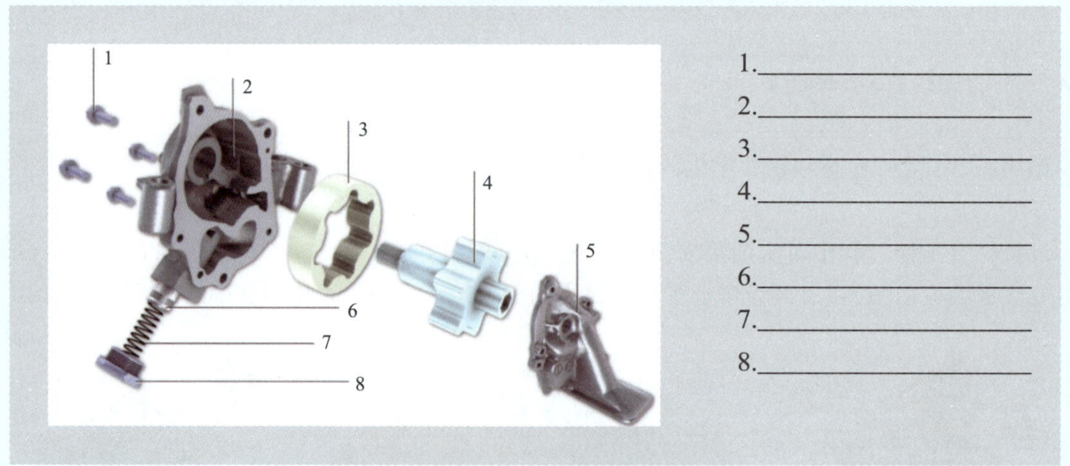

图 3-2-3　转子式机油泵结构

微组织 8：老师检查纠错，学生改正错误。微评价：☆☆☆☆☆

（2）结合图 3-2-4 所示，说明转子式机油泵是如何实现其功用的。

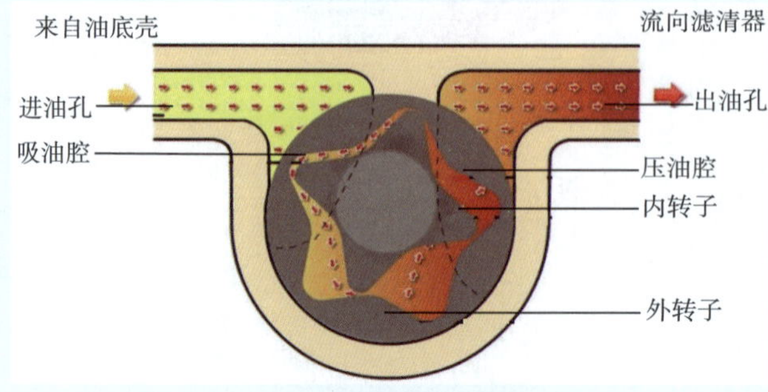

图 3-2-4　机油泵工作原理

微组织 9：老师检查纠错，学生改正错误。微评价：☆☆☆☆☆

（3）在我们为自主研发的发动机达到国际领先水平骄傲的同时，大家对“普通机油泵与变排量机油泵的区别”思考的结果如何？请结合图 3-2-5 所示进行说明。

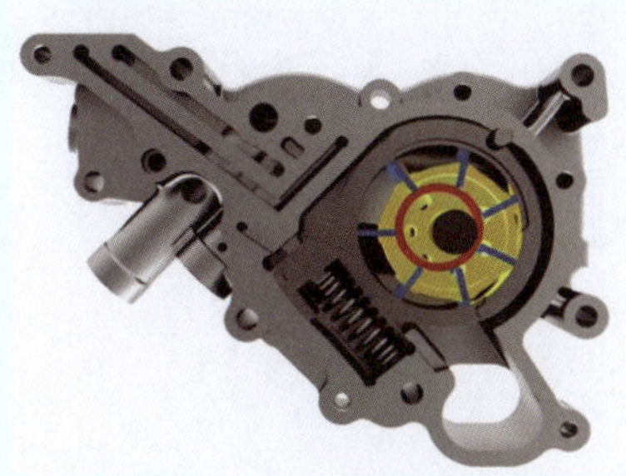

图 3-2-5　变排量机油泵

微组织 10：老师检查纠错，学生改正错误。微评价：☆☆☆☆☆

步骤四　安装机油泵

1. 请仔细观看老师示范，结合老师讲解、查阅教材和观看相关视频，将安装计划用铅笔认真填写在表 3-2-6 中。

表 3-2-6　机油泵安装计划

工序	内容	工量辅具
1		
2		
3		
4		
5		
6		
7		
8		
9		
10		
11		
12		
13		
14		
15		
16		

微组织 11：老师检查纠错，学生改正错误。微评价：☆☆☆☆☆

2. 请查阅教材和维修手册，完善表 3-2-7。

表 3-2-7　机油泵安装技术标准

项目	标准
紧固机油泵盖固定螺栓扭矩	
紧固限压阀固定螺塞扭矩	
紧固机油泵固定螺栓扭矩	
紧固曲轴带轮固定螺栓扭矩	
紧固机油泵链条张紧器固定螺栓扭矩	
紧固机油泵主动轴齿轮固定螺母扭矩	

微组织 12：老师检查纠错，学生改正错误。微评价：☆☆☆☆☆

3. 请根据安装计划实施安装，总结在安装机油泵的过程中应注意的问题，并用铅笔认真写在下面方格中。

微组织 13：老师检查纠错，学生改正错误。微评价：☆☆☆☆☆

4. 请查阅教材和观看视频，结合图 3-2-6 所示，说明润滑系统的主要润滑方式，并将关键词用铅笔认真写在下面的横线上。

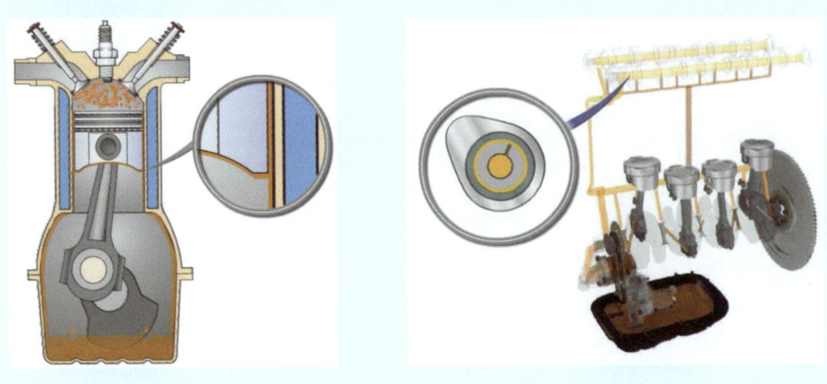

______________　　______________

图 3-2-6　润滑系统的主要润滑方式

微组织 14：老师检查纠错，学生改正错误。微评价：☆☆☆☆☆

案例

案例一：不按照标准维修引发机油泵故障

1. 故障现象

一辆 2009 款奥迪 A4L，发动机型号 CCUA，1.8TFSI 。发动机异响及发动机故障灯亮，踩制动时偏硬。车主反馈，该车因为事故在其他维修厂修过，打开过气缸盖。

2. 故障诊断

（1）仔细听诊，气缸盖内气门室盖处有“嗒嗒”响声，正时链条盖处有“哧啦哧啦”的响声。

（2）观察，发动机底部漏油严重。

（3）进一步检查。

① 用滑石粉喷洒检查漏油源点，发现机油严重漏油来自机油压力调节电磁阀 N428。

② 分解发动机，该车在上一家维修厂使用了大量的非原厂标准的发动机胶，凸轮轴以及每个气门摇臂磨损都非常严重，见图 3-2-7。

3. 故障分析

造成凸轮轴及气门摇臂磨损的原因可能是机油压力不足，润滑不良。检测机油压力确实低于标准压力。

机油压力不足的原因如下：

一是密封不严。

二是机油泵泵力不足。重新分析该车发动机自检修以来的所有问题，最后问题的重点都指向机油泵这个最重要的部件。

拆检机油泵、集滤器发现，集滤器上有大量米粒大小的白色胶状颗粒杂质，机油泵内部控制阀柱塞有大量机油杂质，见图 3-2-8。

4. 维修

清洗机油泵，重新组装，添加好机油后，起动发动机，机油压力恢复正常，重新更换凸轮轴和摇臂，并使用原厂胶打胶。维修后，该车行驶至今发动机运行良好。

5. 结论

该车故障虽与机油泵有关，但根本原因是由于没有严格按照维修标准进行维修，及时更换机油引起。

图 3-2-7　凸轮轴及气门摇臂磨损严重

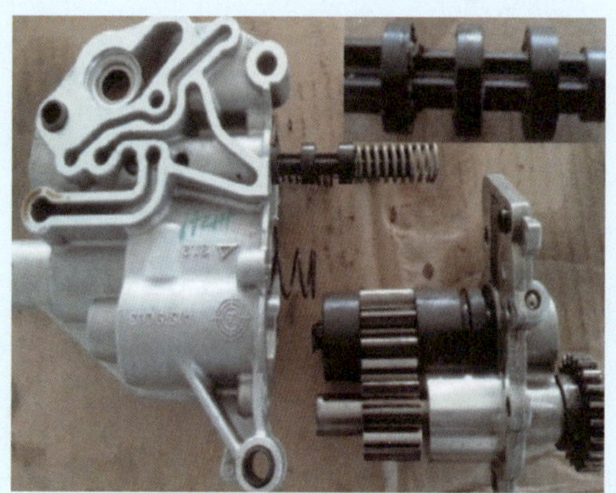

图 3-2-8　控制阀柱塞有大量杂质

案例二：机油泵安装不当造成发动机烧瓦抱轴事故

连续遇到两台 492Q 发动机出现烧瓦抱轴故障。其中一台是在保养了机油泵之后出现故障，另一台则是更换了新的机油泵之后。经拆检发现，两台发动机的机油泵及传动轴均有不同程度的损坏。分析确认，这种故障是由于安装机油泵的方法不当造成的。

对于 492Q 型发动机来说，机油泵和分电器都是由凸轮轴的螺旋齿轮带动分电器传动轴总成上的螺旋齿轮驱动的。因此，在安装机油泵时，必须保证传动轴和机油泵主动轴的同轴度，否则将会使机油泵卡住，损坏传动轴而不能供油，造成烧毁轴瓦甚至曲轴等事故。

要保证分电器传动轴与机油泵主动轴的同轴度，正确的安装方法是在机油泵紧固螺母拧紧之前，应先用工艺轴反复检查，察看机油泵的转动灵活程度。若没有工艺轴时，可将传动轴与机油泵连接后，用百分表测量传动轴的圆周跳动量，其值不得大于 0.15 mm。或者在装凸轮轴之前，用分电器传动轴总成代替工艺轴检查机油泵的转动灵活程度，只有确认传动轴与机油泵主动轴同轴后，才可拧紧机油泵的紧固螺母。

项目四　检修冷却系统

项目任务单

项目	内容
项目描述	完成 2014 款卡罗拉 1.6 L GL-i 轿车 1ZR-FE 发动机冷却系统检修作业
项目要求	符合 2014 款卡罗拉 1.6 L GL-i 轿车 1ZR-FE 发动机技术要求与标准，正确使用工具，完成如下检修作业： （1）检修散热器和电子风扇； （2）检修水泵和节温器
学习目标	（1）准确陈述冷却系统、散热器、电子风扇、水泵和节温器的组成（或结构）及功用； （2）准确陈述散热器检修作业方法； （3）准确陈述电子风扇检修作业方法； （4）规范地对水泵进行检修作业； （5）规范地对节温器进行检修作业； （6）养成自觉遵守技术标准和要求规定、规范操作、安全、环保、“5S”作业的好习惯； （7）增强尊重劳动者、珍惜劳动成果的思想意识； （8）认识到克服困难就是创新
项目载体	2014 款卡罗拉 1.6 L GL-i 轿车 1ZR-FE 发动机冷却系统
计划学时	12~16 学时

工作页	上课地点		学生姓名		完成 / 未完成
	任课教师		上课时间		优 / 良 / 中 / 及格

项目导入

一、讲一讲：红旗全 MAP 智能热管理技术；猜一猜：较传统冷却系统的响应速度，红旗全 MAP 智能热管理技术提高多少倍

红旗品牌的发展总是能够牵动中国人的心，2019、2020、2021 年连续以每年 10 万台的增幅创造了自主品牌发展的奇迹，这背后是红旗技术厚积薄发的深厚支撑。

不知不觉间奇迹已经发生，红旗发动机技术逐步进入到世界一流行列，全 MAP 智能热管理技术就是其中的一个亮点。

智能热管理，就是依据发动机工况的不同，来调整冷却通路的流向和流量，从而让发动机尽可能地工作在最佳温度区间。例如，刚起动时，希望能够让发动机快速升温，快速暖机，这时如果冷却液不流动那就最棒了。或者，当发动机在中低转速，中低负荷工作时，温度能够稳定在较高温度，从而降低机油黏度，减少摩擦功损失。而在发动机高负荷运转时，控制冷却液处于较低的温度区间，以提供更好的散热性能，防止发动机高温区域过热，并能够降低爆燃倾向。

为了使发动机的冷却达到智能化、可变化的控制，CA4GC20TD 发动机的智能热管理模块采用水滴型可变截面球阀结构，如下图所示，对多个水流通道进行全 MAP 智能控制，实现了基于目标水温的精确闭环控制。

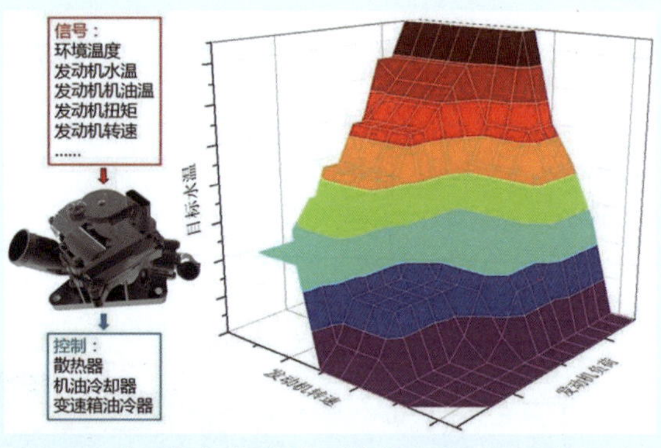

CA4GC20TD 发动机智能热管理模块水滴型可变截面球阀结构

全 MAP 智能闭环精准控制水路可以针对不同环境温度和发动机负荷，实现控制模式智能动态切换，确保发动机工作于最优水温，减少热能损失，降低整机油耗。形象一点描述就是相当于给发动机装一台变频“空调”，让发动机在不同工况下智能控制发动机温度，让其始终保持在一个最高效的温度区间。

你了解了红旗全 MAP 智能热管理技术吗？请你猜一猜：与传统冷却系统的响应速度相比，红旗全 MAP 智能热管理技术提高了多少倍？确切答案请查阅相关资料，用铅笔认真地写在下面的方格内。

微组织 1：老师检查纠错，学生改正错误。微评价：☆☆☆☆☆

二、看一看：冷却系统的结构功能；想一想：实现智能热管理的冷却系统应该是什么样

请查阅教材和观看相关视频，完成下列思考和行动。

1. 请在下面方格内用铅笔认真写出冷却系统的功用。

微组织 2：老师检查纠错，学生改正错误。微评价：☆☆☆☆☆

2. 请结合下图所示，在横线上用铅笔认真写出冷却系统组成部分的名称，思考智能热管理的冷却系统的组成。

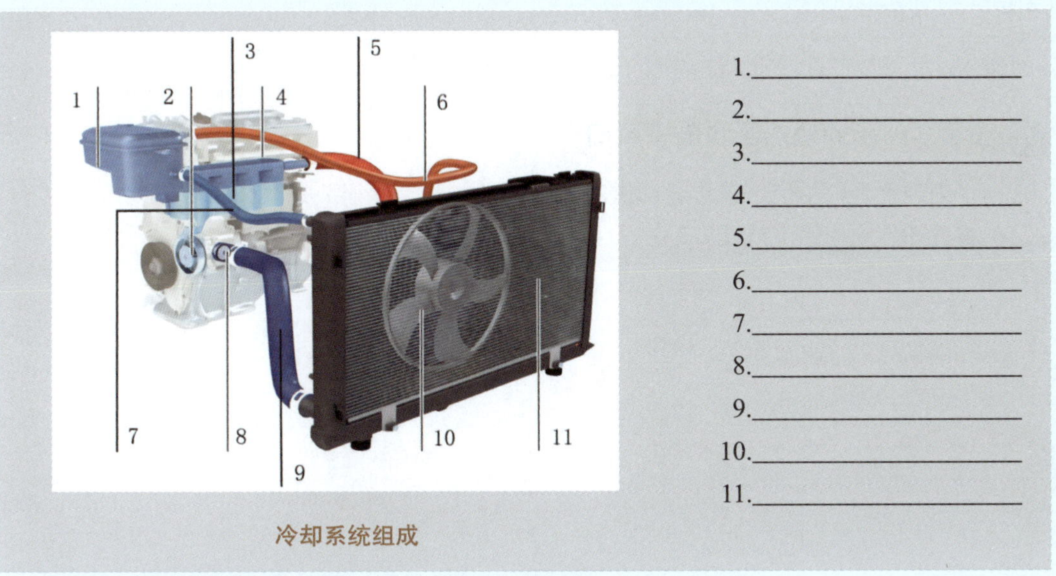

冷却系统组成

1.________

2.________

3.________

4.________

5.________

6.________

7.________

8.________

9.________

10.________

11.________

微组织 3：老师检查纠错，学生改正错误。微评价：☆☆☆☆☆

三、安全教育与防护要求

请按安全与防护要求做好防护准备，并进行互检。若已完成，请用铅笔在方框内打“√”。

□ 工作服穿戴要“四紧”；

□ 严禁佩戴手表等金属首饰；

□ 严禁摆弄与本次任务无关的设备和工具；

□ 严禁嬉戏打闹。

微组织 4：老师检查纠错，学生改正错误。微评价：☆☆☆☆☆

项目实施

任务一 检修散热器和电子风扇

步骤一 作业准备

请详细复述作业准备项目与内容，对照表 4-1-1 核准检查。若已准备好，请用铅笔在相应项目内容后的方框内画上“√”；若有遗漏，请补充后再画上“√”。

表 4-1-1 散热器和电子风扇检修作业准备检查表

项目	内容
作业场地	带有消防设施的作业场地 □
设备设施	1ZR-FE 发动机台架 □ 工具车 □ 零件车 □ 吹气枪 □ 垃圾桶 □
工量辅具	套筒扳手组合套具 □ 一字螺丝刀 □ 十字螺丝刀 □ 鲤鱼钳 □ 指针式扭力扳手 □ 尖嘴钳 □
耗材	清洁布 □ 冷却液 □ 锯条 □

微组织 1：老师检查纠错，学生改正错误。微评价：☆☆☆☆☆

步骤二 拆卸散热器和电子风扇

1. 请仔细观看老师示范，结合老师讲解、查阅教材和观看相关视频，完成下列活动。

（1）将拆卸计划用铅笔认真填写在表 4-1-2 中。

表 4-1-2 散热器和电子风扇拆卸计划

工序	内容	工量辅具
1		
2		
3		
4		
5		
6		
7		
8		
9		
10		
11		
12		

微组织 2：老师检查纠错，学生改正错误。微评价：☆☆☆☆☆

（2）结合图示，说明拆卸前保险杠、散热器各管路和 2 号风扇罩要求，并归纳出关键语句，用铅笔认真填写在表 4-1-3 中。

表 4-1-3　散热器和电子风扇拆卸要求

项目	图示及要求		
拆卸前保险杠			
拆卸散热器各管路		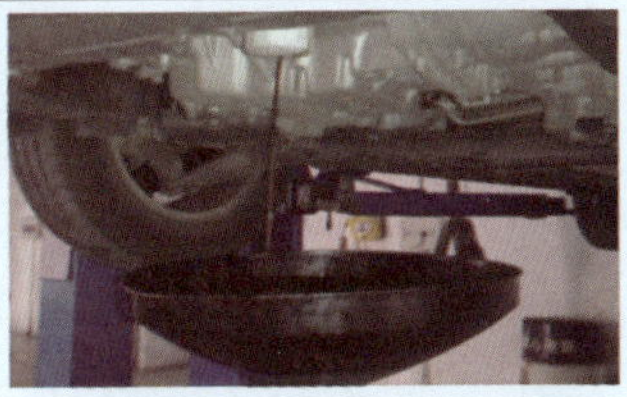	
拆卸2号风扇罩			

微组织 3：老师检查纠错，学生改正错误。微评价：☆☆☆☆☆

2. 请根据拆卸计划实施拆卸，详细总结操作过程中出现的问题，试着分析产生的原因，归纳出关键词，用铅笔认真填写在图 4-1-1 中。

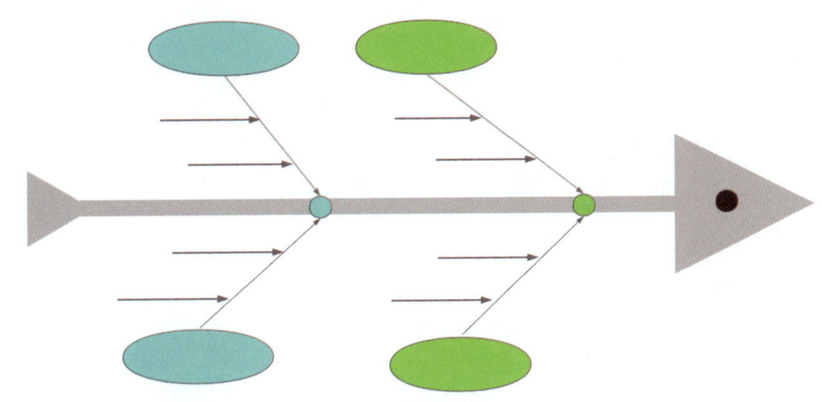

图 4-1-1　操作过程中出现的问题与原因

微组织 4：老师检查纠错，学生改正错误。微评价：☆☆☆☆☆

3. 请结合拆卸过程中对散热器的认识和表 4-1-4 中图示，查阅教材及相关资料，回答下列问题。

（1）指出 2014 款卡罗拉 1.6 L GL-i 轿车 1ZR-FE 发动机散热器是表 4-1-4 中哪种类型？

（2）比较不同类型散热器优劣，用铅笔认真填写在表 4-1-4 中。

表 4-1-4　散热器类型特点

不同类型	横流式	纵流式
图示	左储水室　散热器芯　右储水室	散热器盖　上储水室　散热器芯　下储水室
优点		
缺点		

微组织 5：老师检查纠错，学生改正错误。微评价：☆☆☆☆☆

4. 请结合拆卸过程中对电子风扇电动机的认识和图 4-1-2 所示，查阅教材及相关资料，在图 4-1-2 的右侧写出电子风扇电动机结构名称及电子风扇电动机功用。

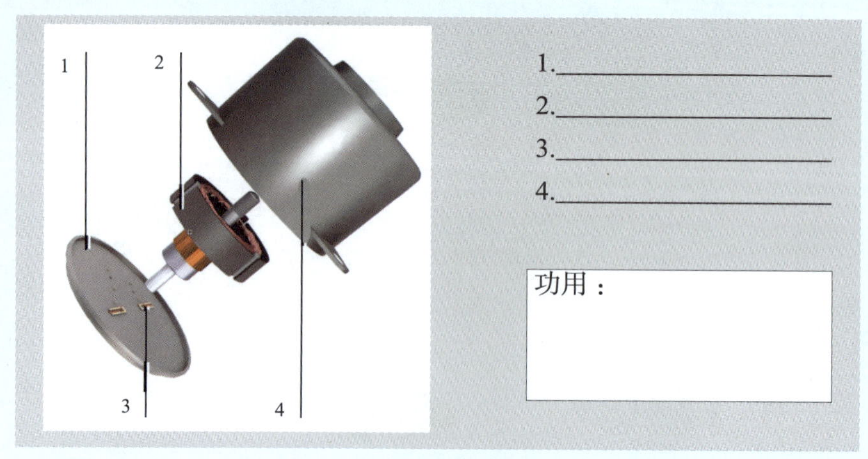

图 4-1-2　电子风扇电动机结构

微组织 6：老师检查纠错，学生改正错误。微评价：☆☆☆☆☆

步骤三　检修散热器和电子风扇

1. 请仔细观看老师示范，结合老师讲解、查阅教材和观看相关视频，将检修计划用铅笔认真填写在表 4-1-5 中。

表 4-1-5　散热器和电子风扇检修计划

序号	项目	工序	内容	工量辅具
1	检查散热器泄漏	1		
		2		
2	检查散热器堵塞	1		
		2		
		3		
3	检查散热器倒伏	1		
		2		
4	检查散热器盖泄漏	1		
		2		
		3		
		4		
		5		
5	检查风扇叶片	1		
6	检查风扇在低温（低于 83℃）状态下的工作情况	1		
		2		
		3		
7	检查风扇在高温（高于 93℃）状态下的工作情况	1		
		2		

微组织 7：老师检查纠错，学生改正错误。微评价：☆☆☆☆☆

2. 请按照检修计划进行检修，并用铅笔认真填写检修记录表 4-1-6。

表 4-1-6　散热器和电子风扇检修记录

序号	项目	技术标准和要求	检测结果	判定结果
1	检查散热器泄漏			继续使用 □　更换 □
2	检查散热器堵塞			继续使用 □　更换 □
3	检查散热器倒伏			继续使用 □　更换 □
4	检查散热器盖泄漏			继续使用 □　更换 □
5	检查风扇叶片			继续使用 □　更换 □
6	检查风扇在低温（低于 83℃）状态下的工作情况			继续使用 □　更换 □
7	检查风扇在高温（高于 93℃）状态下的工作情况			继续使用 □　更换 □

微组织 8：老师检查纠错，学生改正错误。微评价：☆☆☆☆☆

3. 请结合检修过程中对散热器损伤的认识，根据图 4-1-3 所示，查阅教材和相关资料，总结散热器常见损伤形式，用铅笔认真填写在图 4-1-3 中箭头内，并试着简要分析产生的原因，用铅笔认真填写在左侧和右侧。

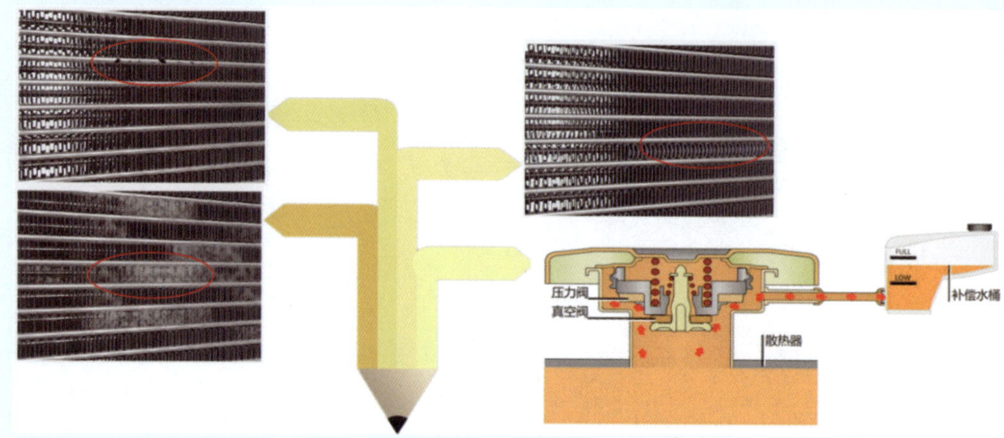

图 4-1-3　散热器常见损伤形式及原因

微组织 9：老师检查纠错，学生改正错误。微评价：☆☆☆☆☆

4. 请总结在检修散热器过程中应注意的问题，并用铅笔认真写在下面方格中。

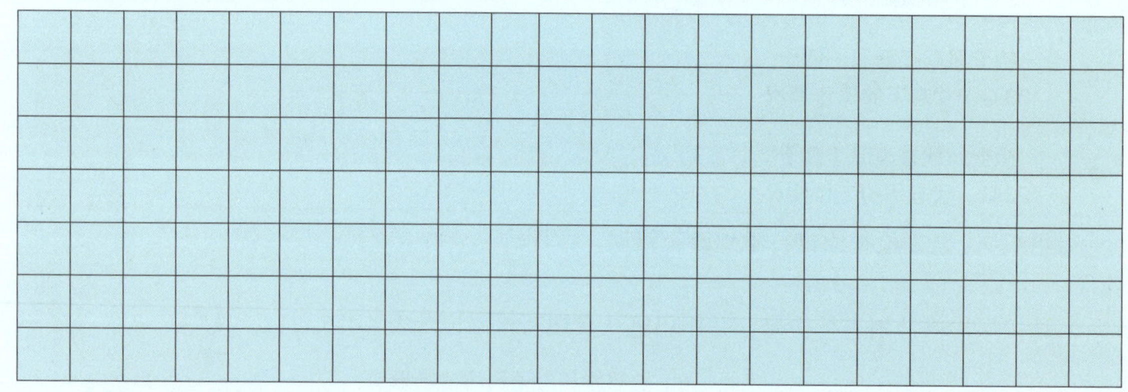

微组织 10：老师检查纠错，学生改正错误。微评价：☆☆☆☆☆

5. 请查阅教材和观看视频，结合拆检过程对散热器的认识，回答下列问题。

（1）在图 4-1-4 中横线上用铅笔认真写出散热器结构名称。

图 4-1-4　散热器结构

微组织 11：老师检查纠错，学生改正错误。微评价：☆☆☆☆☆

（2）结合图 4-1-5 所示，说明散热器是如何实现其功用的。

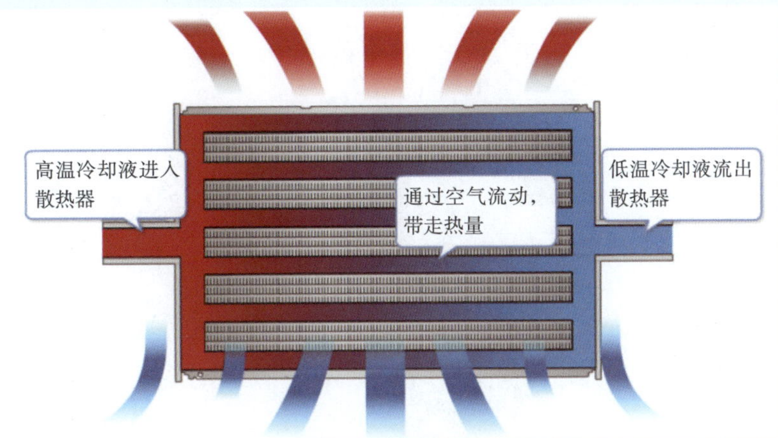

图 4-1-5　散热器工作原理

微组织 12：老师检查纠错，学生改正错误。微评价：☆☆☆☆☆

6. 请结合检修过程中对电子风扇损伤的认识，查阅教材和相关资料，总结电子风扇常见损伤形式及原因，用铅笔认真填写在图 4-1-6 中。

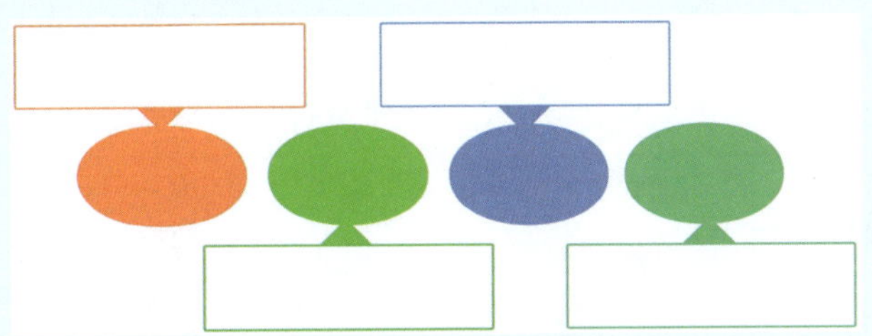

图 4-1-6　电子风扇常见损伤形式及原因

微组织 13：老师检查纠错，学生改正错误。微评价：☆☆☆☆☆

7. 请查阅教材和观看视频，结合拆检过程对电子风扇的认识，回答下列问题。

（1）在图 4-1-7 的右侧写出电子风扇结构名称及电子风扇功用。

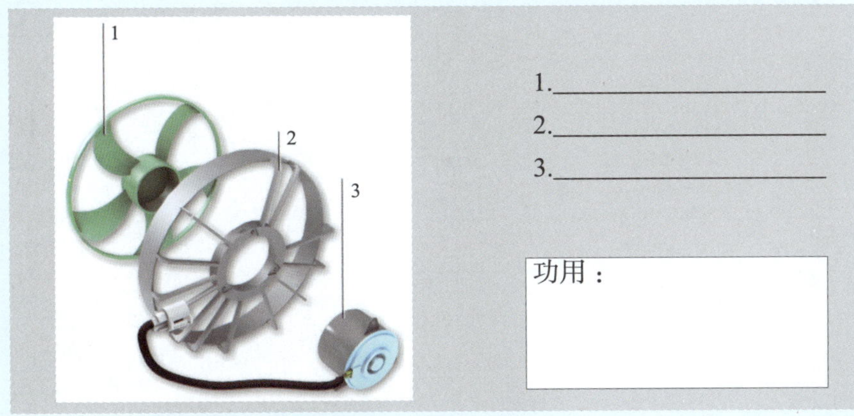

图 4–1–7　电子风扇结构

微组织 14：老师检查纠错，学生改正错误。微评价：☆☆☆☆☆

（2）结合图 4-1-8 所示，说明电子风扇是如何实现其功用的。

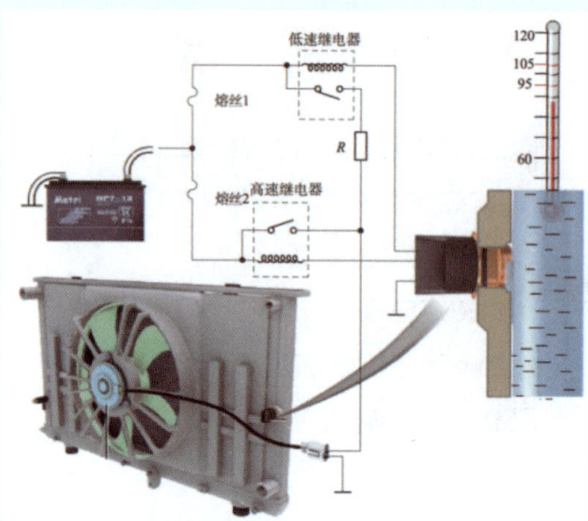

图 4-1-8　电子风扇工作原理

微组织 15：老师检查纠错，学生改正错误。微评价：☆☆☆☆☆

步骤四　安装散热器和电子风扇

1. 请仔细观看老师示范，结合老师讲解、查阅教材和观看相关视频，将安装计划用铅笔认真填写在表 4-1-7 中。

表 4-1-7　散热器和电子风扇安装计划

工序	内容	工量辅具
1		
2		
3		
4		
5		
6		
7		
8		
9		
10		
11		
12		
13		
14		

微组织 16：老师检查纠错，学生改正错误。微评价：☆☆☆☆☆

2. 请查阅教材和维修手册，完善表 4-1-8。

表 4-1-8　散热器和电子风扇安装技术标准

项目	标准
紧固电子风扇叶片固定螺母扭矩	
紧固风扇罩固定螺栓扭矩	
紧固 2 号风扇罩固定螺栓扭矩	
紧固散热器上支架上固定螺栓扭矩	
紧固自动变速器冷却软管固定支架固定螺栓扭矩	
紧固散热器储液罐回水软管支架固定螺栓扭矩	

微组织 17：老师检查纠错，学生改正错误。微评价：☆☆☆☆☆

3. 请根据安装计划实施安装，总结在安装散热器和电子风扇时应注意的事项，并回答下列问题。

（1）结合图 4-1-9 所示，将安装电子风扇要求用铅笔认真写在图右侧横线上。

图 4-1-9　电子风扇安装要求

微组织 18：老师检查纠错，学生改正错误。微评价：☆☆☆☆☆

（2）结合图 4-1-10 所示，将散热器安装要求用铅笔认真写在图下面的横线上。

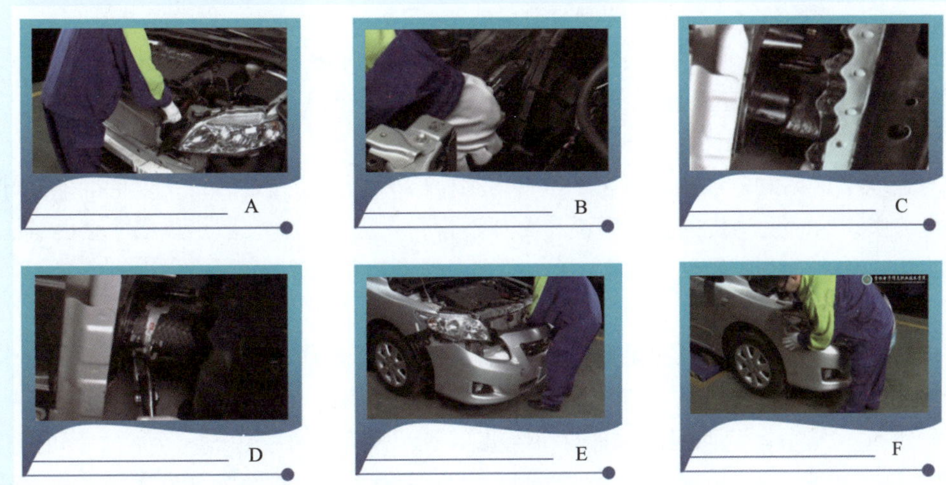

图 4-1-10　散热器安装要求

微组织 19：老师检查纠错，学生改正错误。微评价：☆☆☆☆☆

案例

案例一：散热器养护误区

1. 忽略散热器清洗

有的车主根本不知道散热器也需要清洗。其实，散热器和发动机一样，都需要进行外部清洁和内部清洗。散热器外部的清洁一般集中在春夏交接之际，因为经过一年的使用，汽车的散热器部位会堆积很多尘土，甚至树叶、塑料布等，这些堆积物会大大影响散热器的冷却效果，甚至因高温引发发动机故障。

（1）散热器表面的清洁，要采用高压气泵，这种清洁方式最好在不妨碍别人的空地上，以免吹出的灰尘形成二次污染。

（2）散热器内部的清洗，主要是清除散热器壁上沉积的水垢，可采用化学方法，即通过酸性或碱性物质与水垢作用，使水垢转化成可溶于水的物质而被清除。在选用酸性或碱性溶液时，应考虑水垢的性质和清除水垢的效果，以及对清洗件是否有腐蚀作用等。

2. 过频更换散热器冷却液

有时我们会去 4S 店或维修保养店做常规机油更换，有些维修工就会建议你顺便把冷却液也更换了。发动机散热器使用的冷却液就是水和防冻液的混合物，这种冷却液的降解方式和机油是不一样的，自然更换频率也不同。除非散热器里的冷却液被污染了，或者是汽车里程超过 10 万公里还没有换过冷却液，这两种情况下可以进行更换。

3. 忌开锅时立即开盖加水

散热器内水沸腾后，内部有一定的压力，此时若立即打开散热器加水口，热水会向外喷出，造成人员烫伤。正确的做法是发现水箱开锅后，立即全部打开百叶窗以增加空气流量，待水温有所下降不再沸腾时，再用湿毛巾做垫手，先把散热器加水盖拧开一挡，放出水蒸气，稍待片刻再全部打开。同时要将脸部避开加水口上方，防止热水喷出烫伤脸部。

案例二：风扇异常情况判定与处理

问题一：散热风扇在汽车行驶过程中没有运转

判定与处理：出现这一问题有可能是因为发动机水温没有达到散热风扇起动的条件，可以使用发动机诊断仪器对散热风扇进行测试，如果一切运转正常，就需要检查一下是不是节温器出现故障了。

问题二：散热风扇在汽车熄火之后频繁启动

判定与处理：这在大多数情况下属于正常行为。因为汽车熄火之后，一般情况下冷却系统也会随之停止工作，这时发动机的温度还没有冷却下来，正因为如此，散热风扇才会继续工作一段时间，只需要等发动机的温度降下来后，散热风扇自然会停止工作。

问题三：风扇挡位高不转动

判定与处理：应检查风扇的插接器是否存在接触不良、风扇的供电情况、风扇有没有出现卡滞等。

问题四：风扇异响

判定与处理：风扇异响的原因通常有四种情况。（1）风扇磨损外壳；（2）风扇的轴承可能损坏了；（3）风扇的扇叶变形了；（4）有异物进入了风机。前三种需要对相关零部件进行更换，最后一种情况，只需清理异物即可。

任务二　检修水泵和节温器

步骤一　作业准备

请详细复述作业准备项目与内容，对照表 4-2-1 核准检查。若已准备好，请用铅笔在相应项目内容后的方框内画上“√”；若有遗漏，请补充后再画上“√”。

表 4-2-1　检修水泵和节温器作业准备情况检查表

项目	内容
作业场地	带有消防设施的作业场地 □
设备设施	1ZR-FE 发动机台架 □ 工具车 □ 零件车 □ 吹气枪 □ 垃圾桶 □
工量辅具	套筒扳手组合套具 □ 加热支架 □ 烧杯 □ 酒精灯 □ 指针式扭力扳手 □ 铲刀 □
耗材	清洁布 □ 酒精 □

微组织 1：老师检查纠错，学生改正错误。微评价：☆☆☆☆☆

步骤二　拆卸水泵和节温器

1. 请仔细观看老师示范，结合老师讲解、查阅教材和观看相关视频，完成下列活动。

（1）将拆卸计划用铅笔认真填写在表 4-2-2 中。

表 4-2-2　水泵和节温器拆卸计划

工序	内容	工量辅具
1		
2		
3		
4		
5		
6		
7		
8		
9		
10		
11		
12		
13		

微组织 2：老师检查纠错，学生改正错误。微评价：☆☆☆☆☆

（2）用铅笔准确标注出图 4-2-1 水泵固定螺栓拆卸顺序（以阿拉伯数字表示）。

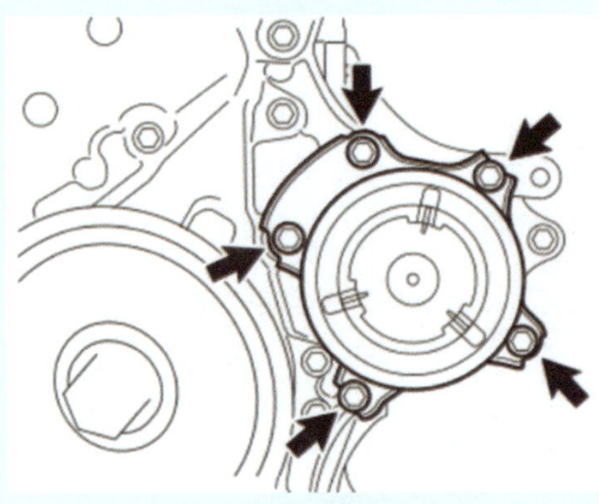

图 4-2-1　水泵固定螺栓

微组织 3：老师检查纠错，学生改正错误。微评价：☆☆☆☆☆

（3）结合图 4-2-2 所示，用铅笔认真写出拆卸水泵的要求。

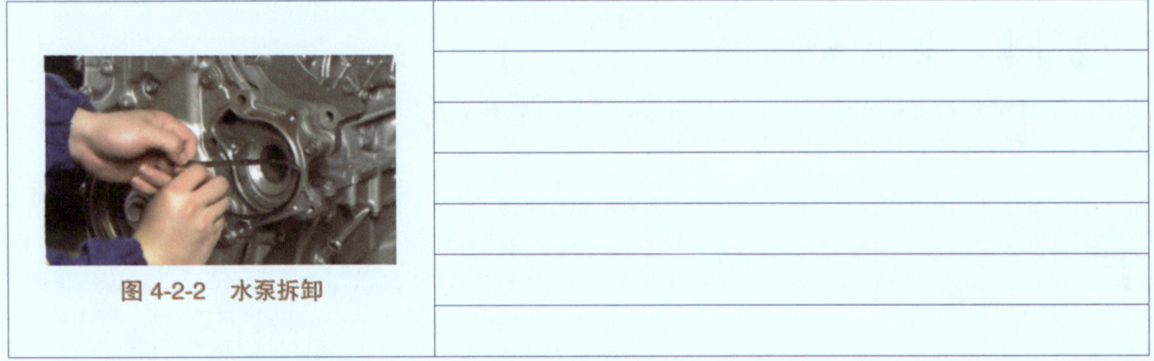

图 4-2-2　水泵拆卸

微组织 4：老师检查纠错，学生改正错误。微评价：☆☆☆☆☆

2. 请根据拆卸计划实施拆卸，详细总结操作过程中出现的问题，试着分析产生的原因，归纳出关键词，用铅笔认真填写在图 4-2-3 中。

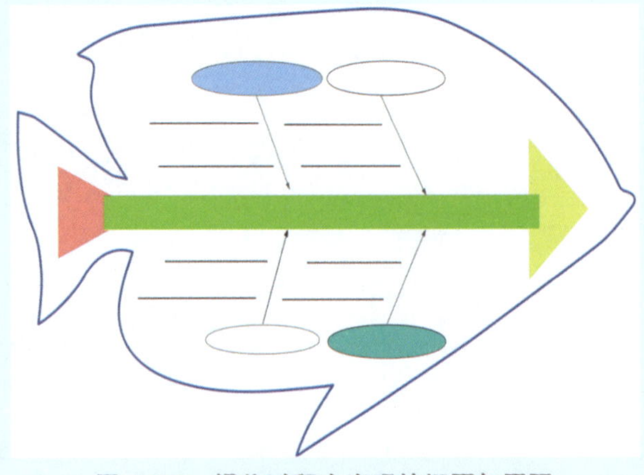

图 4-2-3　操作过程中出现的问题与原因

微组织 5：老师检查纠错，学生改正错误。微评价：☆☆☆☆☆

步骤三　检修水泵和节温器

1. 请仔细观看老师示范，结合老师讲解、查阅教材和观看相关视频，将检修计划用铅笔认真填写在表 4-2-3 中。

表 4-2-3　水泵和节温器检修计划

序号	项目	工序	内容	工量辅具
1	水泵总成	1		
		2		
2	水泵衬垫	1		
		2		
3	节温器	1		
		2		
4	节温器衬垫	1		
		2		

微组织 6：老师检查纠错，学生改正错误。微评价：☆☆☆☆☆

2. 请根据检修计划实施检修，并用铅笔认真填写水泵和节温器检修记录表 4-2-4。

表 4-2-4　水泵和节温器检修记录

序号	项目	技术标准和要求	检测结果	判定结果
1	水泵总成零件号			继续使用 □ 更换 □
2	水泵总成外观			继续使用 □ 更换 □
3	水泵带轮			继续使用 □ 更换 □
4	水泵衬垫外观			继续使用 □ 更换 □
5	节温器阀门开启温度			继续使用 □ 更换 □
6	节温器阀门升程			继续使用 □ 更换 □
7	节温器阀门完全关闭温度			继续使用 □ 更换 □
8	节温器衬垫零件号			继续使用 □ 更换 □
9	节温器衬垫外观			继续使用 □ 更换 □

微组织 7：老师检查纠错，学生改正错误。微评价：☆☆☆☆☆

3. 请查阅教材和相关资料，总结离心式水泵常见损伤形式、产生原因及危害，找出关键词用铅笔认真填写在图 4-2-4 中，并进行说明。

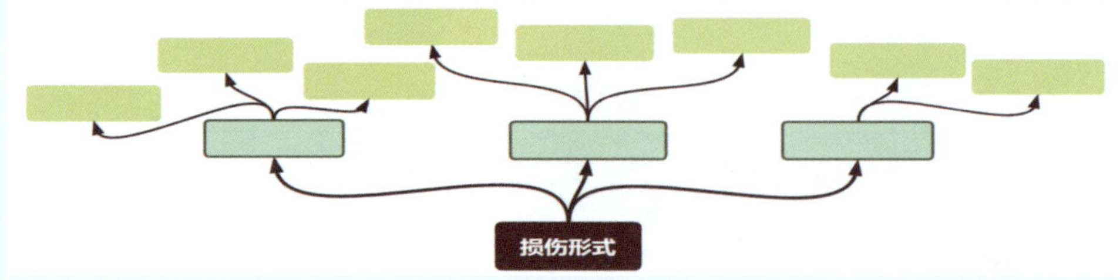

图 4-2-4　水泵常见损伤形式、产生原因及危害

微组织 8：老师检查纠错，学生改正错误。微评价：☆☆☆☆☆

4. 请查阅教材和观看视频，结合拆检过程对离心式水泵的认识，回答下列问题。

（1）在图 4-2-5 右侧横线上用铅笔认真写出离心式水泵结构名称。

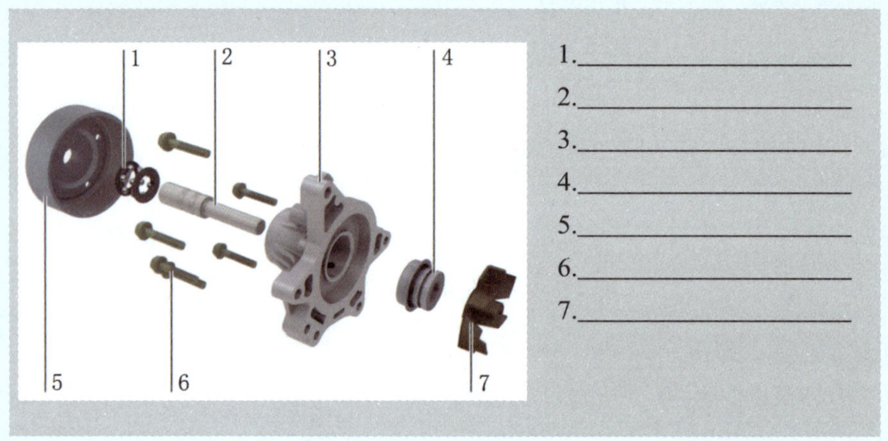

图 4-2-5　离心式水泵结构

微组织 9：老师检查纠错，学生改正错误。微评价：☆☆☆☆☆

（2）结合图 4-2-6 所示，说明离心式水泵是如何实现其功用的。

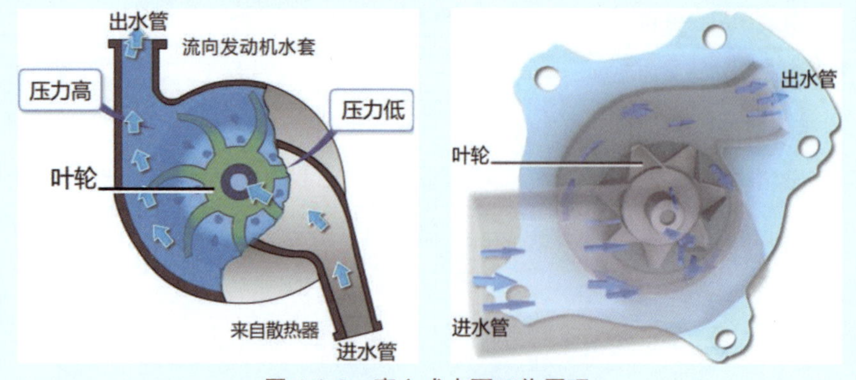

图 4-2-6　离心式水泵工作原理

微组织 10：老师检查纠错，学生改正错误。微评价：☆☆☆☆☆

5. 请查阅教材和相关资料，总结：什么原因造成了蜡式节温器损伤？损伤形式有哪些？产生的危害是什么？用铅笔认真填写在图 4-2-7 中。

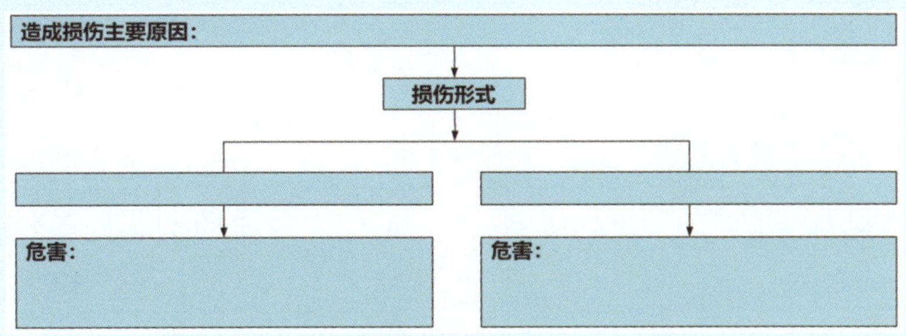

图 4-2-7　蜡式节温器常见损伤、产生原因及危害

微组织 11：老师检查纠错，学生改正错误。微评价：☆☆☆☆☆

6. 请查阅教材和观看视频，结合拆检过程对蜡式节温器的认识，在图 4-2-8 中横线上用铅笔认真写出蜡式节温器结构名称，并说明蜡式节温器的功用。

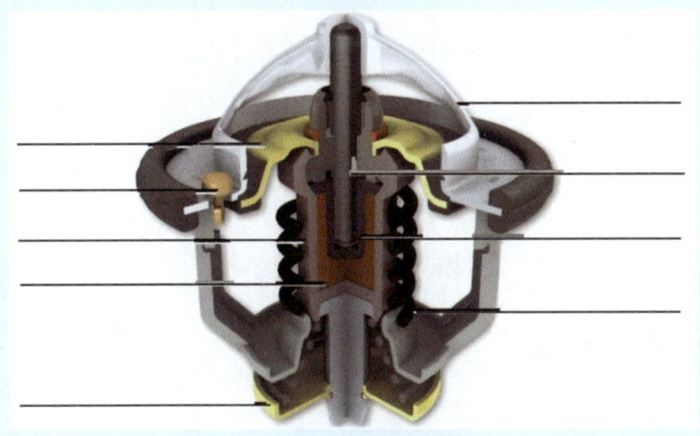

图 4-2-8　蜡式节温器结构

微组织 12：老师检查纠错，学生改正错误。微评价：☆☆☆☆☆

步骤四　安装水泵和节温器

1. 请仔细观看老师示范，结合老师讲解、查阅教材和观看相关视频，将安装计划用铅笔认真填写在表 4-2-5 中。

表 4-2-5　水泵和节温器安装计划

工序	内容	工量辅具
1		
2		
3		
4		
5		
6		

续表

工序	内容	工量辅具
7		
8		
9		
10		
11		
12		
13		
14		
15		
16		

微组织 13：老师检查纠错，学生改正错误。微评价：☆☆☆☆☆

2. 请查阅教材和维修手册，完善表 4-2-6。

表 4-2-6　水泵和节温器安装技术标准

项目	标准
紧固进水管接头固定螺母扭矩	
紧固水泵 A 固定螺栓扭矩	
紧固水泵 B 固定螺栓扭矩	

微组织 14：老师检查纠错，学生改正错误。微评价：☆☆☆☆☆

3. 用铅笔准确标注出图 4-2-9 水泵固定螺栓安装顺序（以阿拉伯数字表示）。

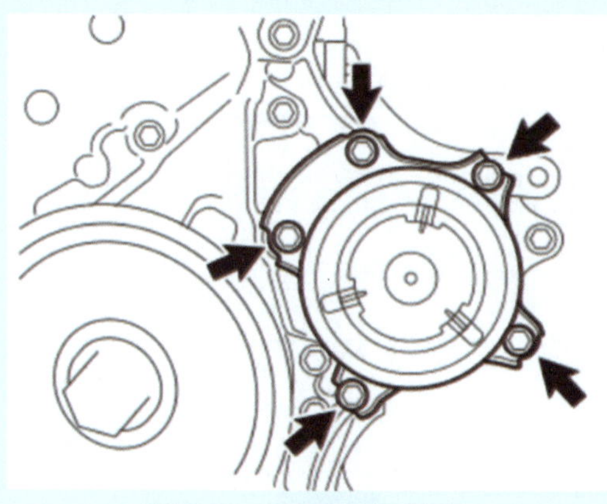

图 4-2-9　水泵固定螺栓

微组织 15：老师检查纠错，学生改正错误。微评价：☆☆☆☆☆

4. 请根据安装计划实施安装，总结在安装节温器和水泵的过程中应注意的问题，结合图 4-2-10 所示，在横线上，用铅笔认真写出节温器和水泵衬垫安装要求。

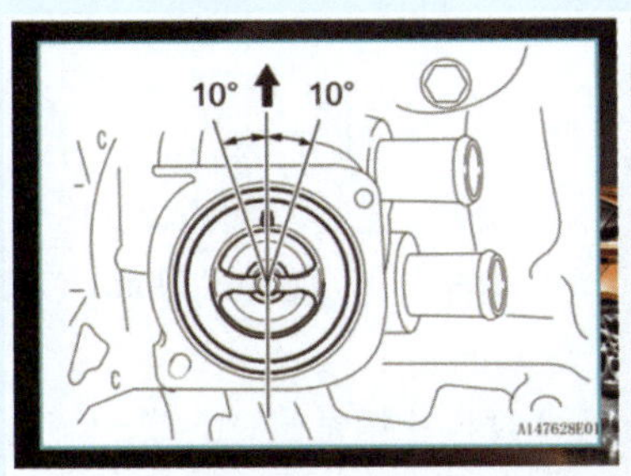

安装节温器要求

安装水泵衬垫要求

图 4-2-10 节温器和水泵衬垫安装要求

微组织 16：老师检查纠错，学生改正错误。微评价：☆☆☆☆☆

案例

案例一：汽车水箱里加的是水吗?

一辆雪铁龙世嘉，高温水温报警。热车到风扇起动温度，散热风扇正常工作，节温器能打开，上水管温度很高，水箱不热，下水管不热。踩加速踏板到2 000 r/min，水箱慢慢地热了，下水管也热了。

初步判断节温器开度偏小，水箱被堵，水泵叶轮损坏。换上新节温器，风扇转动期间，水箱能整体降温。此时，最大嫌疑是水泵，拆开后发现水泵叶片锈蚀严重。

经询问，因为水箱缺水，没有防冻液，就临时加了些水，结果导致叶片锈蚀。

向水箱里加水，后患无穷，会导致防冻液完全失效，腐蚀水箱水管，特别是一些铁管。现在大部分的车水温比较高，风扇起动温度在97℃左右，如果是水，已经接近沸腾了，防冻液的最低沸点在106℃，高的会到129℃，能保证冷却系统正常工作。

此车由于水温高，造成气缸垫损坏，且有轻微拉缸。

案例二：汽车上的节温器能不能拿掉？有什么影响?

以前的车辆易开锅，经常用拆除节温器的办法，使冷却水进入大循环降温。现在的车辆使用的是冷却液，不易开锅，很少拆除节温器来降温。

如果拆除节温器的话，冷却液就会常处于大循环状态下循环流动。由于冷却液经散热器进行了散热降温处理，此时发动机就难在正常的时间内，达到发动机的正常温度，升温非常慢。特别是在寒冷的冬季，车辆预热需要较长时间升到发动机正常工作温度。这样喷射燃油雾化不良，在发动机混合气燃烧不充分，易产生积炭，且功率不能正常充分发挥。三元催化的升温慢，使排放达标难。如果需用暖风，不但暖气温度不够，反而加剧降低了发动机的升温。如果发动机还没有达到正常温度，就急于行驶，因机油温度不够，黏稠度大，流动性差，发动机相互的运转零部件之间润滑差，就造成零部件的磨损比正常温度时大。这也是为什么以前看到许多车辆，在冬天有一块布帘挂在散热器护栅前面的原因，目的是使发动机处于正常温度下工作，有保温作用。

项目五　检修燃油供给系统

项目任务单

项目描述	完成 2014 款卡罗拉 1.6 L GL-i 轿车 1ZR-FE 发动机燃油供给系统检修作业
项目要求	符合 2014 款卡罗拉 1.6 L GL-i 轿车 1ZR-FE 发动机技术要求与标准，正确使用工具，完成如下检修作业： （1）检修燃油泵； （2）检修喷油器
学习目标	（1）准确陈述燃油供给系统、燃油泵、喷油器的组成（或结构）及功用； （2）准确陈述燃油泵检修作业方法； （3）准确陈述喷油器检修作业方法； （4）规范地对燃油泵进行检修作业； （5）规范地对喷油器进行检修作业； （6）养成自觉遵守技术标准和要求规定、规范操作、安全、环保、“5S”作业的好习惯； （7）养成热爱劳动的好习惯； （8）认识到人人都可以创新，创新就在身边
项目载体	2014 款卡罗拉 1.6 L GL-i 轿车 1ZR-FE 发动机燃油供给系统如下图 
计划学时	12~16 学时

工作页	上课地点		学生姓名		完成 / 未完成
	任课教师		上课时间		优 / 良 / 中 / 及格

项目导入

一、讲一讲：一汽红旗在核心技术上的强势突围；查一查：这是哪种类型的发动机？应用在红旗的哪种车型上？

作为中国汽车行业领军者，一汽红旗在发动机技术方面持续攻坚、不断投入，取得了飞跃式发展。自主研发的这款发动机，不仅标志着一汽红旗动力总成的研发能力迈上新台阶，更填补了国内高性能自主动力的空白。可以说，是一汽红旗在核心技术上的强势突围。通过打造最强“中国心脏”，一汽红旗品牌产品不仅获得了市场的认可和用户的青睐，同时，还以此获得了2019年有着中国汽车发动机领域奥斯卡之称的“中国心”年度十佳发动机大奖。

这款发动机备具六大核心技术，分别是高效机械增压技术、可变滚流燃烧技术、高效热管理技术、水冷排气歧管技术、高压汽油缸内直喷技术、模块化平衡轴减振技术。

其中，与燃油供给系统有关的可变滚流燃烧技术，当用户低速行驶时，可以实现缩小进气截面，有效降低排放的同时保证燃烧效率；当用户高速行驶时，则会增大进气截面，有效提升发动机动力响应；高压汽油缸内直喷技术则可缩减燃油颗粒直径，让燃烧更加充分；采用的GDI喷油器的供油系统，通过一系列的合理设计，显著改善了油雾特性，抑制缸内积炭生成；同时，发动机喷油器的喷孔采用“T”型设计，有效降低了油束贯穿距，避免了燃油撞缸壁，“T”型设计喷孔的雾化能力改善，实现了超细油雾颗粒，排放问题也得到显著改善。

这是一汽红旗哪种类型的发动机呢？请将你查到的确切答案，用铅笔认真地写在下面的方格内。

微组织1：老师检查纠错，学生改正错误。微评价：☆☆☆☆☆

二、看一看：燃油供给系统的结构功能；想一想：GDI喷油器的供油系统应该是什么样？

请查阅教材和观看相关视频，结合下图所示，在横线上用铅笔认真写出燃油供给系统组成部分名称，说明燃油供给系统的功用，思考GDI喷油器的供油系统的组成。

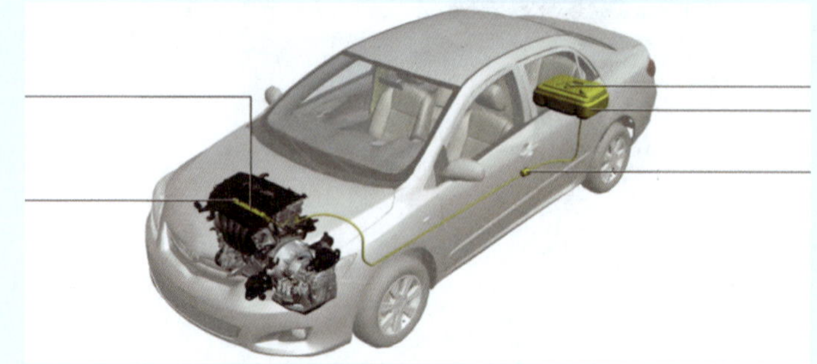

燃油供给系统组成

微组织2：老师检查纠错，学生改正错误。微评价：☆☆☆☆☆

三、安全教育与防护要求

请按安全与防护要求做好防护准备，并进行互检。若已完成，请用铅笔在方框内打“√”。

□ 工作服穿戴要“四紧”；

□ 严禁佩戴手表等金属首饰；

□ 严禁摆弄与本次任务无关的设备和工具；

□ 严禁嬉戏打闹。

微组织 3：老师检查纠错，学生改正错误。微评价：☆☆☆☆☆

项目实施

任务一　检修燃油泵

步骤一　作业准备

请详细复述作业准备项目与内容，对照表 5-1-1 核准检查。若已准备好，请用铅笔在相应项目内容后的方框内画上“√”；若有遗漏，请补充后再画上“√”。

表 5-1-1　燃油泵检修作业准备检查表

项目	内容
作业场地	带有消防设施的作业场地 □
设备设施	1ZR-FE 发动机台架 □ 工具车 □ 零件车 □ 吹气枪 □ 垃圾桶 □
工量辅具	套筒扳手组合套具 □ 一字螺丝刀 □ 铲刀 □ 油压表 □ 鲤鱼钳 □ 指针式扭力扳手 □ 万用表 □ 专用工具 □
耗材	清洁布 □ 黑胶带 □ 汽油 □ 新 O 形圈 □ 新燃油泵仪表挡圈衬垫 □

微组织 1：老师检查纠错，学生改正错误。微评价：☆☆☆☆☆

步骤二　拆卸燃油泵

1. 请仔细观看老师示范，结合老师讲解、查阅教材和观看相关视频，完成下列活动。

（1）将拆卸计划用铅笔认真填写在表 5-1-2 中。

表 5-1-2　燃油泵拆卸计划

工序	内容	工量辅具
1		
2		
3		
4		
5		
6		
7		
8		
9		
10		
11		

微组织 2：老师检查纠错，学生改正错误。微评价：☆☆☆☆☆

（2）结合图示，说明燃油泵拆卸要求，用铅笔认真填写在表 5-1-3 中。

表 5-1-3　燃油泵拆卸要求

拆卸后地板检修孔盖时	燃油系统泄压时
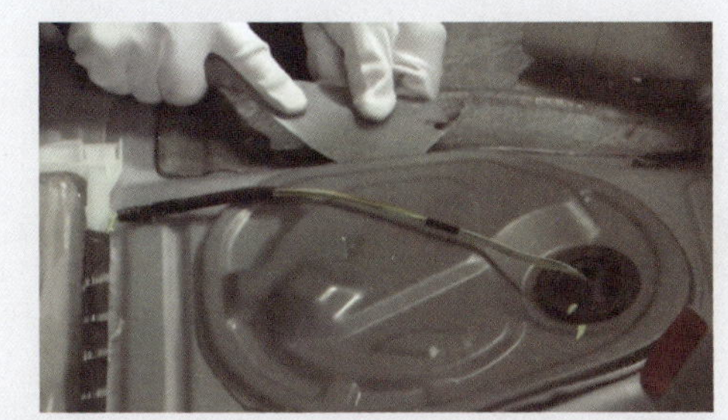	
要求：	要求：
拆卸燃油箱主管前	拆卸 1 号燃油蒸发管时
	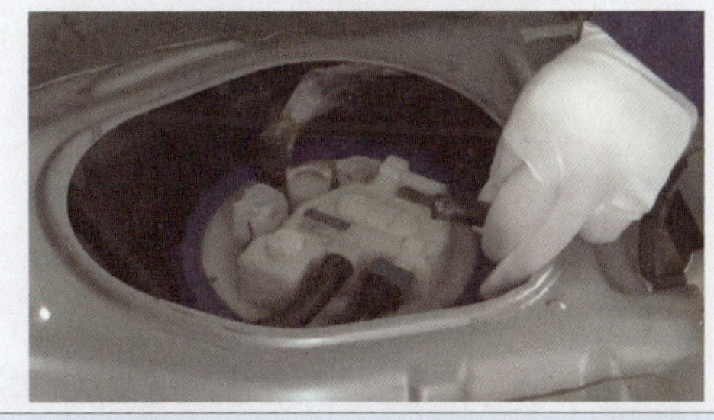
要求：	要求：
拆卸燃油泵仪表固定圈时	取出燃油吸油管总成时
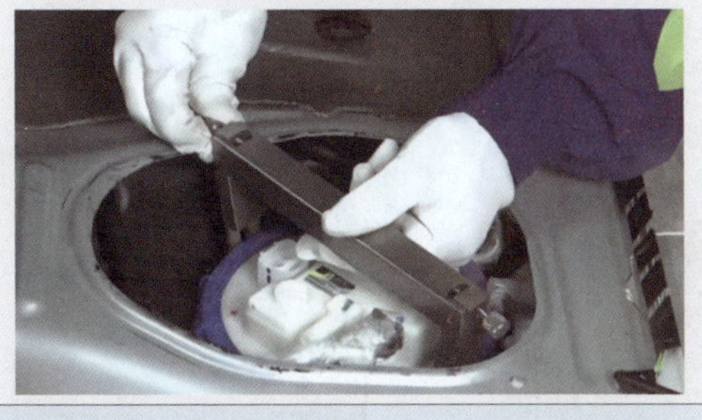	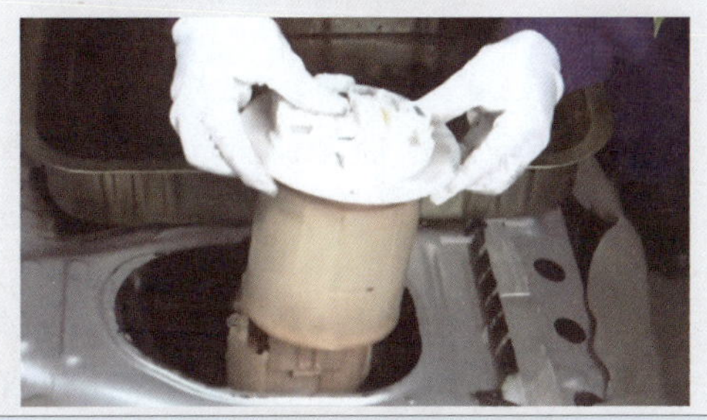
要求：	要求：
所有管接头处理	取出燃油吸油管总成后处理
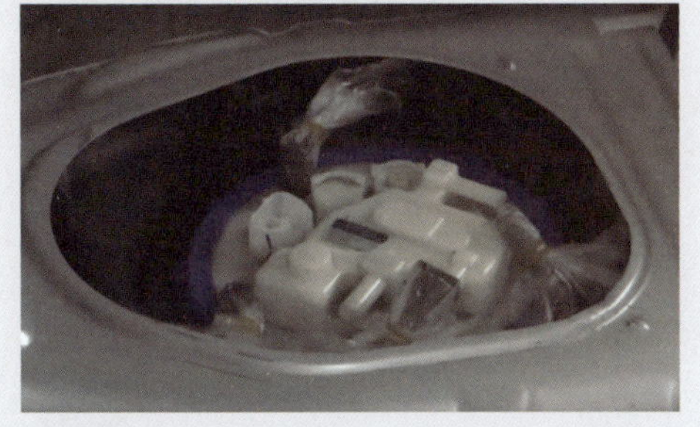	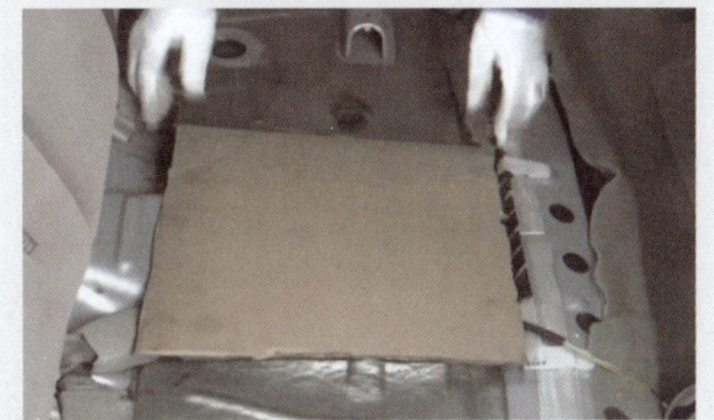
要求：	要求：

微组织 3：老师检查纠错，学生改正错误。微评价：☆☆☆☆☆

2. 请根据拆卸计划实施拆卸，详细总结操作过程中出现的问题，试着分析产生的原因，归纳出关键词，用铅笔认真填写在图 5-1-1 中。

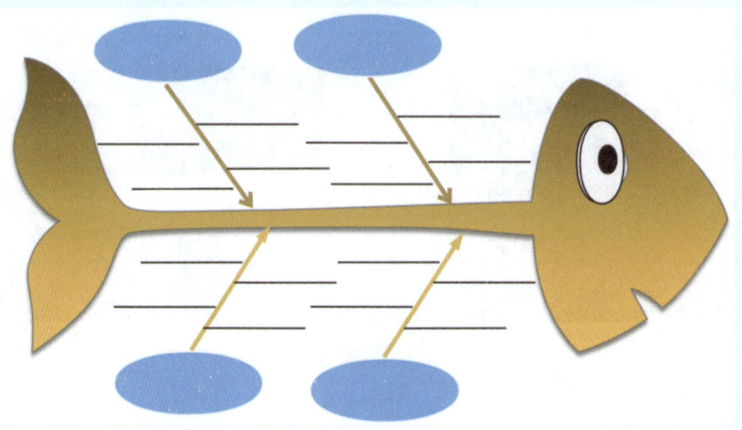

图 5-1-1　操作过程中出现的问题与原因

微组织 4：老师检查纠错，学生改正错误。微评价：☆☆☆☆☆

3. 请结合拆卸过程中对燃油泵的认识和表 5-1-4 中图示，查阅教材及相关资料，回答下列问题。

（1）指出 2014 款卡罗拉 1.6 L GL-i 轿车 1ZR-FE 发动机燃油泵是表 5-1-4 中哪种类型？

（2）比较不同类型燃油泵优劣，用铅笔认真填写在表 5-1-4 中。

表 5-1-4　燃油泵类型特点

不同类型	涡轮式	滚柱式	齿轮式
图示	出油口 进油口 壳体 涡轮	进油口 滚柱 出油口	外齿轮 内齿轮
优点			
缺点			

微组织 5：老师检查纠错，学生改正错误。微评价：☆☆☆☆☆

步骤三　检修燃油泵

1. 请仔细观看老师示范，结合老师讲解、查阅教材和观看相关视频，将检修计划用铅笔认真填写在表 5-1-5 中。

表 5-1-5　燃油泵检修计划

序号	项目	工序	内容	工量辅具
1	就车检查燃油泵工作情况	1		
		2		
		3		
		4		
2	就车检测燃油泵最大供油压力和保持压力	1		
		2		
		3		
		4		
3	拆下检查燃油泵电阻	1		
		2		
4	拆下检查燃油泵工作情况	1		
		2		

微组织 6：老师检查纠错，学生改正错误。微评价：☆☆☆☆☆

2. 请按照检修计划进行检修，并用铅笔认真填写检修记录表 5-1-6。

表 5-1-6　燃油泵检修记录

序号	项目		技术标准和要求	检测结果	判定结果
1	就车检查燃油泵工作情况	燃油箱口处			继续使用 □ 更换 □
		发动机上方			继续使用 □ 更换 □
					继续使用 □ 更换 □
2	就车检测燃油泵最大供油压力				继续使用 □ 更换 □
3	就车检测燃油泵保持压力				继续使用 □ 更换 □
4	拆下检查燃油泵电阻				继续使用 □ 更换 □
5	拆下检查燃油泵工作情况	不浸入油桶			继续使用 □ 更换 □
		浸入油桶			继续使用 □ 更换 □

微组织 7：老师检查纠错，学生改正错误。微评价：☆☆☆☆☆

3. 请结合检修过程，在下面方格内用铅笔认真写出拆下检查燃油泵工作情况的要求。

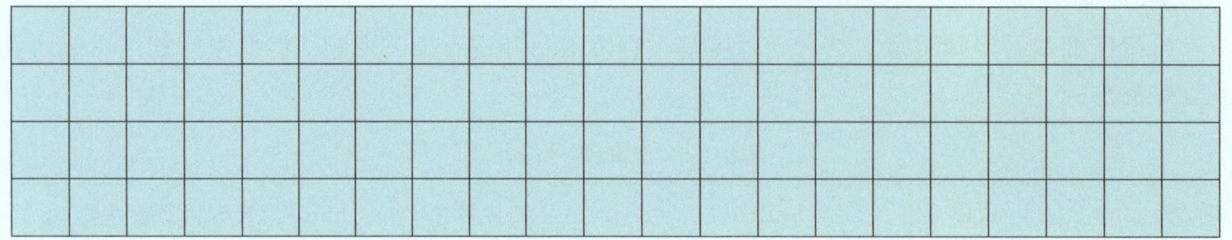

微组织 8：老师检查纠错，学生改正错误。微评价：☆☆☆☆☆

4. 请结合检修过程中对燃油泵工作情况的认识，查阅教材和相关资料，总结燃油泵常见损伤形式及危害，用铅笔认真填写在图 5-1-2 中圆圈内，并试着简要分析产生的危害，用铅笔认真填写在方框内。

图 5-1-2　燃油泵常见损伤形式及危害

微组织 9：老师检查纠错，学生改正错误。微评价：☆☆☆☆☆

5. 请查阅教材和观看视频，结合拆检过程对涡轮式电动燃油泵的认识，在图 5-1-3 下面的横线上用铅笔认真写出涡轮式电动燃油泵结构名称，并说明涡轮式电动燃油泵的功用。

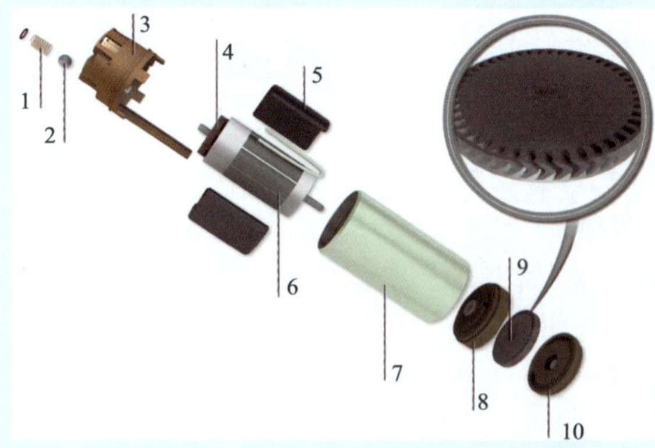

图 5-1-3　涡轮式电动燃油泵结构

1.________________ 2.________________ 3.________________ 4.________________

5.________________ 6.________________ 7.________________ 8.________________

9.________________ 10.________________

微组织 10：老师检查纠错，学生改正错误。微评价：☆☆☆☆☆

步骤四　安装燃油泵

1. 请仔细观看老师示范，结合老师讲解、查阅教材和观看相关视频，将安装计划用铅笔认真填写在表 5-1-7 中。

表 5-1-7　燃油泵安装计划

工序	内容	工量辅具
1		
2		
3		
4		
5		
6		
7		
8		
9		
10		
11		
12		
13		
14		
15		
16		
17		
18		
19		
20		
21		
22		
23		
24		
25		

微组织 11：老师检查纠错，学生改正错误。微评价：☆☆☆☆☆

2. 请查阅教材和维修手册，完善表 5-1-8。

表 5-1-8　燃油泵安装技术标准

项目	标准
紧固电子风扇叶片固定螺母扭矩	

微组织 12：老师检查纠错，学生改正错误。微评价：☆☆☆☆☆

3. 请根据安装计划实施安装，总结在安装燃油泵时应注意的问题和方法，并回答下列问题。

（1）结合图 5-1-4 所示，将紧固燃油泵仪表挡圈方法用铅笔认真写在图 5-1-5 的横线上。

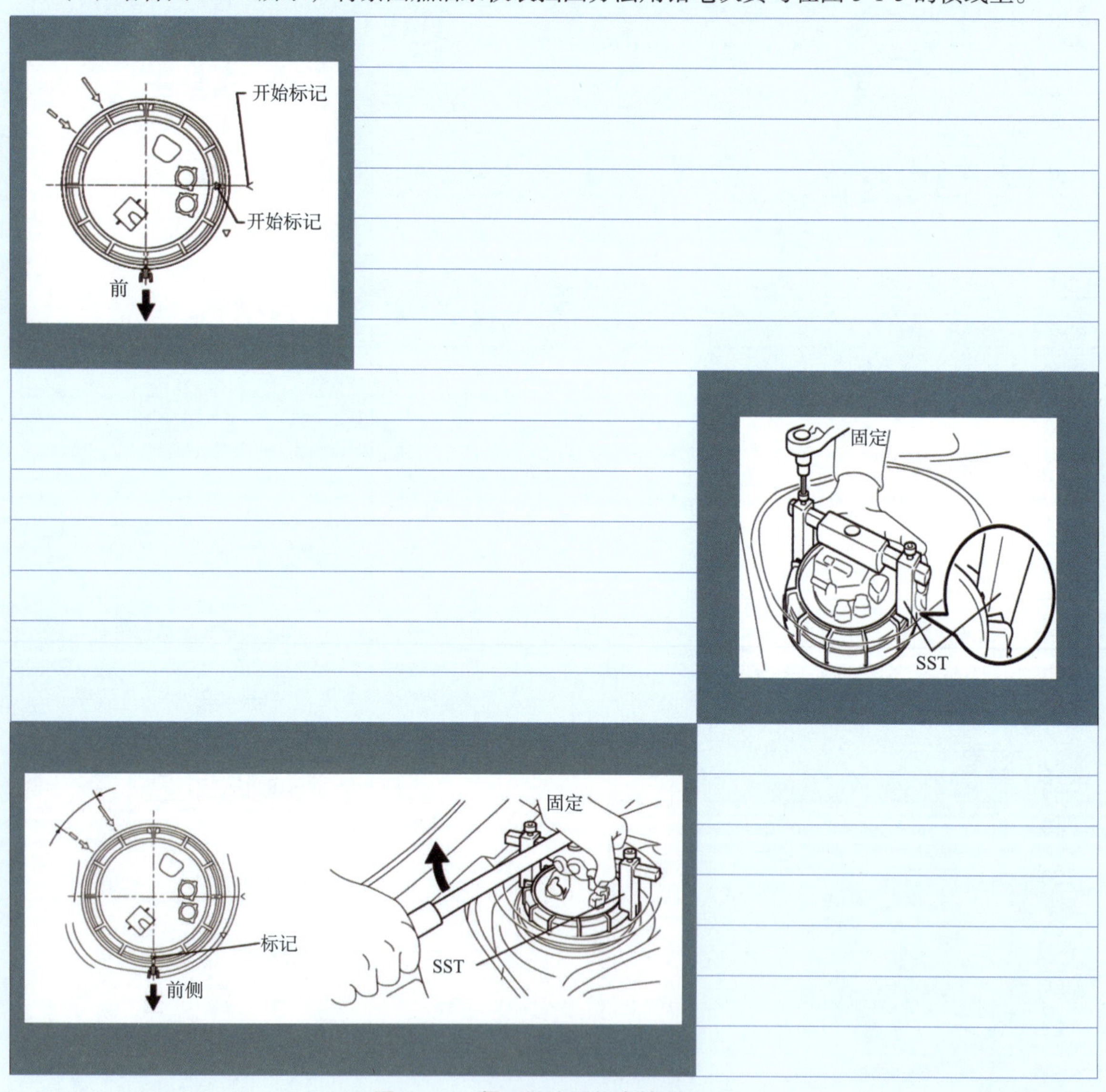

图 5-1-4　紧固燃油泵仪表挡圈方法

微组织 13：老师检查纠错，学生改正错误。微评价：☆☆☆☆☆

（2）结合图 5-1-5 所示，将燃油泵安装要求用铅笔认真写在图 5-1-5 中。

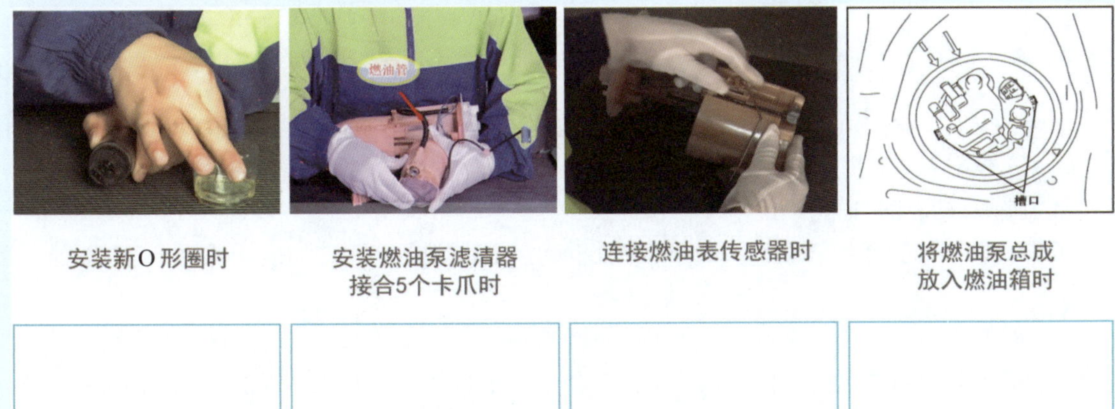

图 5-1-5　燃油泵安装要求

微组织 14：老师检查纠错，学生改正错误。微评价：☆☆☆☆☆

案例

案例一：燃油宝引发的燃油泵故障

故障现象：一辆 2017 年奥迪 Q3，搭载 1.4T 发动机和自动变速器，行驶里程 10 万公里，用户反映该车仪表板有时提示油箱故障。

故障确认：与用户描述一致。

故障诊断：用诊断仪检测，系统中存在故障码“B1031EB——燃油表传感器 1 电阻过高，偶发性”。

查询燃油表传感器 1 相关的维修手册，见图 5-1-6，模拟油箱满和空时测量燃油表传感器 1 的电阻，符合维修手册规定值。移动燃油表传感器 1 的油位浮子并测量电阻发现，油浮子在中间位置时电阻无限大，存在异常。

拆解燃油表传感器 1 发现，内部存在严重腐蚀现象，见图 5-1-7。与用户沟通得知，该车虽然在正规加油站加油，但是经常会加燃油宝。怀疑是燃油宝中的成分具有腐蚀作用引起燃油表传感器 1 内部腐蚀。

故障排除：由于燃油表传感器 1 不提供单独配件，更换燃油泵总成，故障排除。

测量触点	油箱空时	油箱满时：
2+3	大约 270 Ω	大约 77.5 Ω
2+4	大约 70 Ω	大约 262.5 Ω
3+4 1)	大约 340 Ω	大约 340 Ω

1) 任意传感器位置

燃油存量显示传感器 -G- 已拆卸：

图 5-1-6　燃油表传感器 1 相关的维修说明

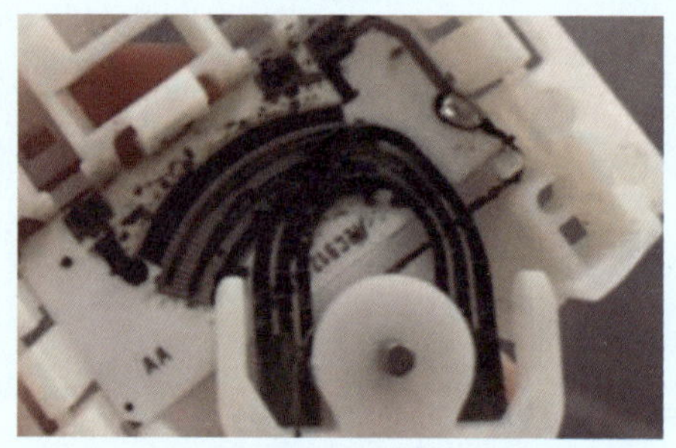

图 5-1-7　燃油表传感器 1

案例二：燃油泵引发的线路故障

故障现象：一辆 1996 年款丰田佳美轿车，SXV20 底盘，5S-FE 型发动机，行驶里程 17.8 万 km，在行驶途中突然熄火后不能起动。

故障确认：经查 EFI 熔丝熔断。

故障诊断：EFI 熔丝负责众多用电器的电源供给，线路布置复杂，加上此车已有 9 年车龄，极有可能是线路老化，在某处搭铁短路导致熔丝熔断。经查没有发现问题，对用电器的电阻进行测量，见表 5-1-9，测量值都在参考值范围内。

表 5-1-9　各用电器电阻值

项目	氧传感器加热线圈	怠速电动机	ASV 电磁阀	EGR VSV 电磁阀	燃油泵
测量值 /Ω	16	25	46	46	1.7
标准值 /Ω	11~16	10~30	38.5~50	38.5~50	0.2~3.0

故障排除：现在只有怀疑是旧熔丝的寿命到期了。更换一个标配 15 A 新熔丝后，试车，一切顺利。检测故障码和数据流，一切正常，交车。

又发故障现象：第二天，车辆又在半路熄火了。

又发故障确认：经查，还是EFI熔丝熔断。静态下检测不出来，于是起动车辆，试着边晃动线束边检查。从EFI继电器开始，到发动机线束，无意中碰到EFI熔丝，感觉熔丝发热，再检查熔丝盒出来的供电线，也感觉发热变软。

又发故障诊断：正常设计的熔丝额定电流应是线路负载电流的2～3倍，熔丝手感应是常温的，不应有发热现象。拔出EFI熔丝，在两个插脚间接上电流表，电流表显示读数为9.2 A，达到EFI熔丝额定电流(15 A)的2/3，肯定会引起熔丝发热，时间一长，熔丝自然就会熔断，以保护电路。

电流过大的原因是什么呢？参考表5-1-9的测量数据，电压为12 V，可计算出各用电器的电流，见表5-1-10。可以看出，燃油泵是一个用电大户，达到7.06 A，其他用电器的总电流只有2 A左右。

表5-1-10　各用电器电流值

项目	氧传感器加热线圈	怠速电动机	ASV电磁阀	EGR VSV电磁阀	燃油泵
计算电流值/A	0.75	0.48	0.26	0.26	7.06

是不是燃油泵有问题呢？但前面已测量过燃油泵的阻值，符合维修手册给出的范围。持着怀疑态度，开始验证。拔下开路继电器，从蓄电池正极直接连一根导线到FP端子，起动后用电流表测出电流为7.1 A。在测量过程中发现，该熔丝工作约10 min后就开始慢慢变热，到30 min时熔丝部分已变成暗红色，差不多要熔断了。至此可以确认故障症结就在燃油泵上。

又发故障排除：拆下旧燃油泵，发现油箱内杂质较多，油泵滤网上也积有很多粉末状的铁锈等杂质，滤网已被吸扁，汽油流量不足。与车主沟通，该车很长时间没有清洗油箱和更换油泵滤网了。征得车主同意后，对油箱进行了清洗，并对整个油路进行了保养。购买一只新燃油泵，测量其电阻为3.1 Ω。装上新燃油泵，测量EFI熔丝处的电流为5.9 A。换上熔丝，起动运转30 min后熔丝没有发热，至此，故障彻底排除。一星期后电话回访用户，车辆一切正常。

总结：测得燃油泵的电阻值为1.7 Ω虽然符合标准，但流过的电流过大也足以熔断熔丝，就已经说明维修手册中燃油泵的标准电阻值为0.2~3.0 Ω是错误的。古人说“尽信书不如无书”，看来这话没错。实际工作中应把理论与实践结合起来，融会贯通，既要善于怀疑，又要勇于大胆假设，要把疑点拿出来论证是否为故障所在，而不是盲目地更换零部件，避免走弯路。

任务二　检修喷油器

步骤一　作业准备

请详细复述作业准备项目与内容，对照表 5-2-1 核准检查。若已准备好，请用铅笔在相应项目内容后的方框内画上“√”；若有遗漏，请补充后再画上“√”。

表 5-2-1　检修喷油器作业准备情况检查表

项目	内容
作业场地	带有消防设施的作业场地 □
设备设施	1ZR-FE 发动机台架 □ 工具车 □ 零件车 □ 吹气枪 □ 垃圾桶 □
工量辅具	套筒扳手组合套具 □ 一字螺丝刀 □ 专用工具 □ 万用表 □ 指针式扭力扳手 □ 开口扳手 □
耗材	清洁布 □ 新喷油器隔振垫 □ 新 O 形圈 □

微组织 1：老师检查纠错，学生改正错误。微评价：☆☆☆☆☆

步骤二　拆卸喷油器

1. 请仔细观看老师示范，结合老师讲解、查阅教材和观看相关视频，完成下列活动。

（1）将拆卸计划用铅笔认真填写在表 5-2-2 中。

表 5-2-2　喷油器拆卸计划

工序	内容	工量辅具
1		
2		
3		
4		
5		
6		
7		
8		
9		
10		
11		
12		
13		
14		

微组织 2：老师检查纠错，学生改正错误。微评价：☆☆☆☆☆

（2）结合图示，说明喷油器拆卸要求，用铅笔认真填写在表 5-2-3 中。

表 5-2-3　喷油器拆卸要求

拆下发动机罩盖时	拔出曲轴箱通风软管时

断开喷油器连接器时	断开燃油管时
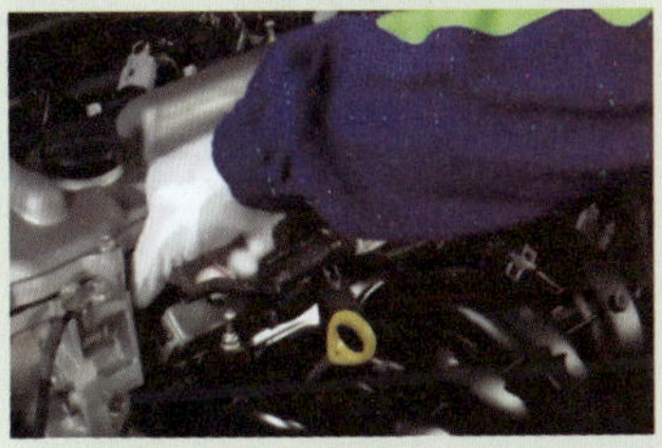	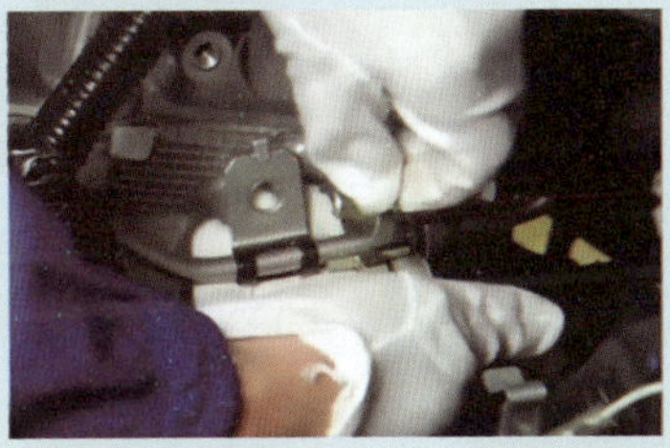
取下 4 个喷油器后	拆下 4 个喷油器隔震垫后
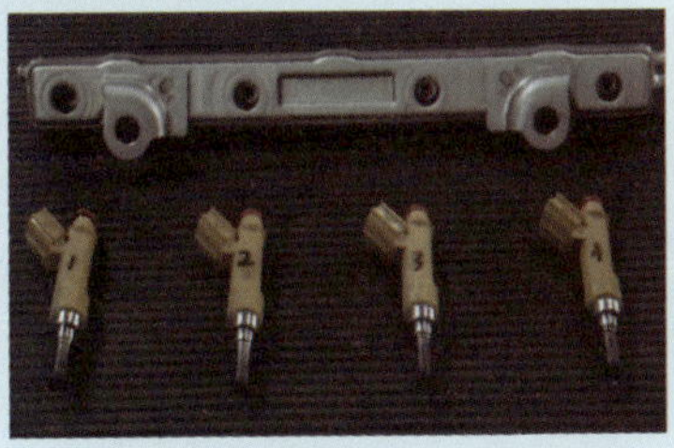	 遮挡物

微组织 3：老师检查纠错，学生改正错误。微评价：☆☆☆☆☆

2. 请根据拆卸计划实施拆卸，详细总结操作过程中出现的问题，试着分析产生的原因，归纳出关键词，用铅笔认真填写在图 5-2-1 中。

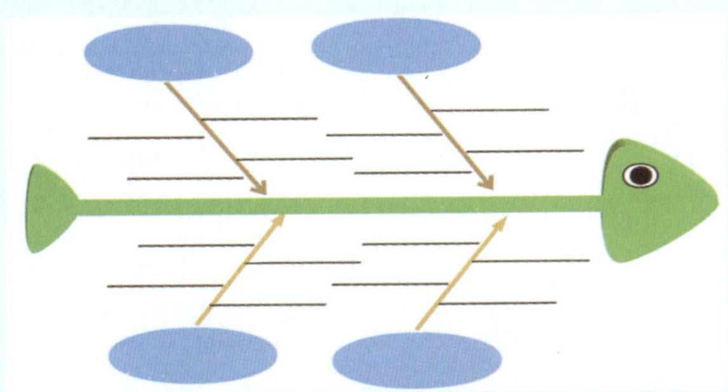

图 5-2-1　操作过程中出现的问题与原因

微组织 4：老师检查纠错，学生改正错误。微评价：☆☆☆☆☆

3. 请结合拆卸过程中对喷油器的认识和表 5-2-4 中的图示，查阅教材及相关资料，回答下列问题。

（1）指出 2014 款卡罗拉 1.6 L GL-i 轿车 1ZR-FE 发动机喷油器是表 5-2-4 中哪一种？

（2）比较喷油器三种类型的优劣，用铅笔认真填写在表 5-2-4 中。

表 5-2-4　喷油器三种类型的特点

不同形式	轴针式	球阀式	片阀式
图示			
优点			
缺点			

微组织 5：老师检查纠错，学生改正错误。微评价：☆☆☆☆☆

步骤三　检修喷油器

1. 请仔细观看老师示范，结合老师讲解、查阅教材和观看相关视频，将检修计划用铅笔认真填写在表 5-2-5 中。

表 5-2-5　喷油器检修计划

序号	项目	工序	内容	工量辅具
1	手触检查喷油器	1		
		2		
2	耳听检查喷油器	1		
		2		
3	断缸检查喷油器	1		
		2		
4	检测喷油器电阻	1		
		2		
5	检测喷油器喷射量和泄漏	1		
		2		
		3		

微组织 6：老师检查纠错，学生改正错误。微评价：☆☆☆☆☆

2. 请根据检修计划实施检修，并用铅笔认真填写检修记录表 5-2-6。

表 5-2-6　喷油器检修记录

序号	项目		技术标准和要求	检测结果	判定结果
1	手触检查喷油器				继续使用 □ 更换 □
2	耳听检查喷油器				继续使用 □ 更换 □
3	断缸检查喷油器				继续使用 □ 更换 □
4	检测喷油器电阻				继续使用 □ 更换 □
5	检测喷油器喷射量	喷射量			继续使用 □ 更换 □
		喷射量差值			继续使用 □ 更换 □
6	检测喷油器泄漏				继续使用 □ 更换 □

微组织 7：老师检查纠错，学生改正错误。微评价：☆☆☆☆☆

3. 请查阅教材和相关资料，总结喷油器常见故障形式和产生的原因，用铅笔分别认真地写在图 5-2-2 中间三角形和外围的三个三角形内。

图 5-2-2　喷油器常见故障形式和产生的原因

微组织 8：老师检查纠错，学生改正错误。微评价：☆☆☆☆☆

4. 请查阅教材和观看视频，结合拆检过程对轴针式喷油器的认识，在图 5-2-3 横线上用铅笔认真写出轴针式喷油器结构名称，并说明喷油器的功用。

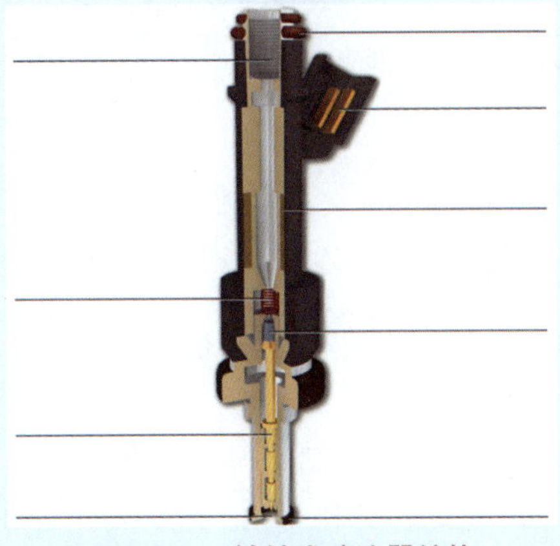

图 5-2-3　轴针式喷油器结构

微组织 9：老师检查纠错，学生改正错误。微评价：☆☆☆☆☆

步骤四　安装喷油器

1. 请仔细观看老师示范，结合老师讲解、查阅教材和观看相关视频，将安装计划用铅笔认真填写在表 5-2-7 中。

表 5-2-7　喷油器安装计划

工序	内容	工量辅具
1		
2		
3		
4		
5		
6		
7		
8		
9		
10		
11		
12		
13		
14		

微组织 10：老师检查纠错，学生改正错误。微评价：☆☆☆☆☆

2. 请查阅教材和维修手册，完善表 5-2-8。

表 5-2-8　喷油器安装技术标准

项目	标准
紧固输油管固定螺栓扭矩	
紧固发动机线束固定支架固定螺栓扭矩	
紧固蓄电池负极电缆固定螺栓扭矩	

微组织 11：老师检查纠错，学生改正错误。微评价：☆☆☆☆☆

3. 请查阅教材和相关资料，在下面方格内用铅笔认真写出安装完蓄电池负极电缆后，检查燃油是否泄漏的方法。

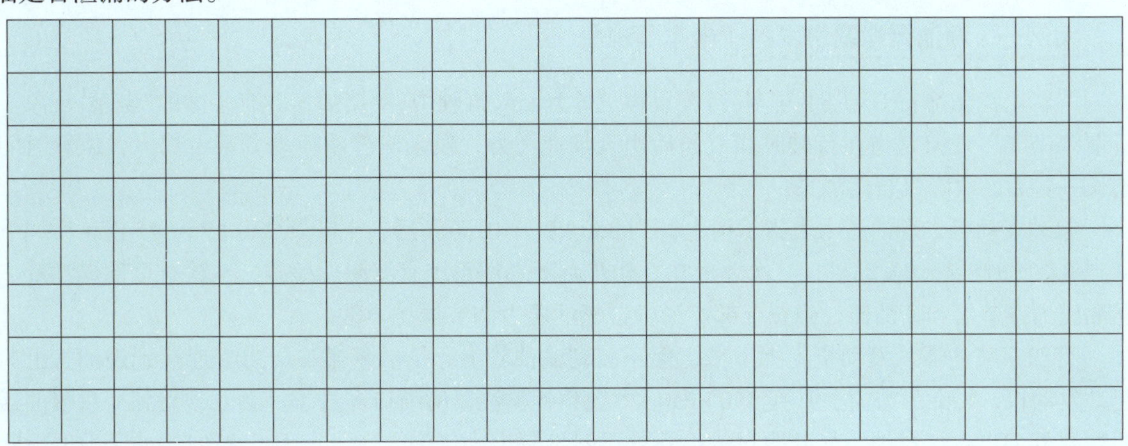

微组织 12：老师检查纠错，学生改正错误。微评价：☆☆☆☆☆

4. 请根据安装计划实施安装，总结在安装喷油器的过程中应注意的问题，结合表 5-2-9 中图示，说明安装喷油器的要求，用铅笔认真填写在表 5-2-9 中。

表 5-2-9　喷油器安装的要求

安装喷油器隔振垫	安装 O 型圈	安装输油管及喷油器时
		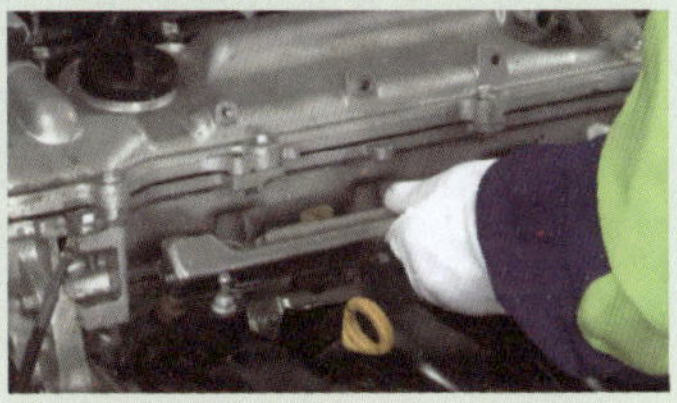

将燃油管连接器插入输油管时	安装完蓄电池负极电缆后

微组织 13：老师检查纠错，学生改正错误。微评价：☆☆☆☆☆

案例

案例一：喷油器泄漏引发的“坐车”现象

一辆上海帕萨特 B5 1.8T 轿车，行驶里程近 6 万 km，行驶中，换挡加速时有轻微的“坐车”现象。所谓“坐车”现象是指在行驶时间过长后出现加速无力，发动机严重抖动，甚至熄火，放置时间稍长一些后，故障又自然消失。

起动发动机，燃油压力表指示值上升到 350 kPa；10 min 后，下降到 200 kPa；45 min 后，下降到 0。此时再起动发动机，三次才成功。初步判断燃油系统有泄漏的地方，应检查全部燃油管、燃油压力调节器和喷油器。经查全部燃油管、燃油压力调节器无异常。

将四只喷油器从发动机上拆下来，但不装到输油管上，依然将燃油压力表连接到进油管上。起动发动机，燃油压力值上升到 350 kPa 后，观察各喷油器的喷口。过了一会儿，看到一只喷油器的喷孔处渗出少量燃油，另外两只的喷孔处不时地冒出小气泡。10 min 后，不但燃油压力值下降到了 200 kPa，两只泄漏严重的喷油器还滴下两滴燃油。

该车由于喷油器泄漏，不仅加速了燃油系统内压力的下降，而且还吸入了空气，促使燃油流回油箱。时间越长，燃油系统内吸入的空气越多，就需要燃油泵长时间工作来排除空气提升油压，所以车辆放置时间一长便不易起动。

清洗这三只喷油器后进行试验，还是有泄漏，只好更换了四只新的同型号的喷油器。再次进行喷油器泄漏测试，起动发动机，燃油压力表指示值上升到 350 kPa，10 min 后，压力值下降到 300 kPa。观察各喷油器喷孔，无泄漏的油迹。最后，把拆下来的零件都复位装好，发动机顺利起动，故障完全排除。

案例二：由喷油嘴压片螺钉脱扣引发的轿车自燃事故

某轿车行驶里程大约为 11 万 km，发动机异响，在 4S 店检查后确定更换曲轴油封，维修后测试车辆还存在异常状况，车主与 4S 店协商先将车开走，之后再约定维修时间。

16 天后，该车辆连续在高速公路行驶 100 km、时间约为 1 h 时，驾驶室内空调出风口有烟冒出，同时车辆出现异常，显示屏显示车辆功率下降并自动熄火。停车至路边，下车后发现前发动机舱盖冒烟，同时有火窜出，自行灭火。

经勘验，确定该车是由于气缸内高温气体从喷油嘴处泄漏引燃喷油嘴、点火线圈自身塑料元件及周围可燃物所致。

喷油嘴处泄漏的原因是喷油嘴的压片螺钉脱扣，导致喷油嘴压片松动，长期使用加之起火前汽车连续在高速状态下行驶，致使喷油嘴与气缸体接触不紧密，气缸内高温的热烟气从喷油嘴与气缸的缝隙处泄漏出来。